万川
reflections

一
步
万
里
阔

Kathryn J. Edin　　H. Luke Shaefer

$2.00 a Day:

Living on Almost Nothing in America

美国的福利与贫穷

两美元
过一天

[美]凯瑟琳·爱丁
[美]卢克·谢弗————著

李九萱————译

中国工人出版社

献给我们的孩子，
布里奇特、凯特琳、玛丽莎和迈克尔

目 录

引　言

　　在芝加哥南区深处，远离美国第三大城市不断延伸的钢铁天际线，坐落着一栋不起眼的白色小楼，楼高一层半，墙漆已剥落。苏珊·布朗和丈夫德文以及他们8个月大的女儿劳伦就住在这里。与3人同住的还有苏珊的祖母、继祖父和叔叔。*

　　木台阶通向封闭前廊的陈旧门槛，台阶已明显向左倾斜。进屋前，访客必须绕开一块翘起的地板，布满

---

* 为保护隐私，本书提及的人名、组织名、地名以及其他细节已经过修改。

霉斑的地板盖住了地上的大洞。进门后，狭小阴暗的房间里只有一张破沙发、一个摇摇欲坠的木茶几和一把皮椅，左椅臂的填充物露在外面。往左上方看，墙壁和天花板交接处有一块黑斑。如果这黑斑是潮湿所致的那还好说，要是房屋结构崩裂产生的，那就危险了。

天气让人喘不上气。室外已不止 32 度，屋内感觉更热。窗户全关着，只有窗框间的缝隙还能透点儿气。前厅的地毯已褪色，上面遍布脚印和污迹，看起来就很黏。地毯被磨破的地方露出黑白油毛毡，油毛毡被磨破的地方露出曾经精美的木地板。

在屋子后厅，一个 20 世纪 80 年代的大冰箱霸占了小厨房，厨房里面还放着置物架和可能用了一个世纪之久的瓷水槽。冰箱里只有几罐婴儿奶粉，这是苏珊从"妇婴幼儿特殊营养补充计划"（Special Supplemental Nutrition Program for Women, Infants, and Children, WIC，以下简称为营养补充计划）那里搞来的。谈到宝宝时，苏珊说："她有营养补充计划，但吃不了多久……他们给了她大概 7 罐吧，但都是小罐。"她耸耸肩接着道，"不过如果没有这个计划，冰箱里什么吃的都没有呢。"冰箱在一旁嗡嗡作响，努力为几乎空无一物的架子制冷。

当 6 人共住这狭窄、破旧的房子时，混乱在所难免。混乱的中心地带是一个小饭厅，里面摆着一张圆餐桌，上面铺着纯白的亚麻桌布，边缘绣着精致的花纹。桌上放着4套金边瓷器和银质餐具。4张洁白的餐巾上绣着与桌布相同的图案，它们被精心折叠并放在大水晶杯中。很难想象还有比这更优雅的餐桌了，然而，它就摆在这里——从未被使用、从未被打扰——与一把椅子相伴。

这张餐桌把人带回到另一个时代，一个苏珊家庭生活中的美好时光。在那时，能在芝加哥这种地方拥有一栋这样的房子，意味着非裔美国中产阶级得到了尊重。20世纪60年代的钢铁厂、80年代初的普尔曼铁道车辆厂，以及1995年规模庞大的谢文·威廉姆斯油漆厂都曾是这偏远南区的经济支柱。在这些巨头倒下前，罗斯兰社区拥有许多体面、稳定的工作岗位，是养育子女的好地方。

工作走了，毒品来了。苏珊说："日子越来越不好过，一切都变了。这里有太多暴力，不必要的暴力。"鉴于她的真实经历，这种说法还是略显保守了。就在一个街区之外，苏珊的哥哥在光天化日之下被枪杀了。她的曾祖母是这栋白房子的主人，后来逃到西部去过捉襟见肘的退休生活。苏珊一家最希望的就是另寻一个住处，一个不会摇摇欲坠的家，一个能安全过日子的街区。尽管有种种弊端，但这房子仍是唯一能保护苏珊、德文和劳伦免受街头暴力伤害的栖身之所。在过去的几个月里，他们每人每天靠着不到两美元活着。身无分文的他们无处可去。

两美元买不到一加仑汽油，大致相当于半加仑牛奶的价格。许多美国人在每天上班或上学前花的钱就已经超过了这个数字。然而，2011年，这个世界上最富有的国家内部仍有超过4%的有小孩家庭生活在贫困之中，贫困程度之深令大多数美国人难以置信。

德文有高中文凭，背景清白，有零散的工作经历。在过去的一年里，他大部分时间都在一个叔叔的工地上打杂，后来在北郊找到一份临时工作。但那份工作只持续了几个月，目前他已清闲了半年。苏珊在劳伦出生后待业了两个月，之后便开始疯狂找工作，但始终进展不顺。"我一直都在找，"她语气十分低落，"这早晚会把我逼疯！"在怀上劳伦之前，苏珊只有普通高中学历证书，她在社区大学上了一年多的补习课，终于开始修学分，她想获得幼教资格证。然而，她现在承担不起学费了。总得有人去工作。

德文显得比苏珊有信心，他认为事情总会出现转机。他正往就近的杂货店走，看看有没有活儿干。他的蓝色牛仔裤干净利落，短袖衬衫熨烫得齐齐整整。他听说果蔬部门缺一个兼职工，时薪 8.5 美元。尽管 6 个月来一直遭到拒绝，但他仍然有信心拿下工作。这个活儿每周只需要上 20 个小时的班，虽然无法让他的家庭脱离赤贫线，但总算开了个好头，现在只要再等苏珊找到活路就好了。他们基本不用担心孩子的托管问题，苏珊的祖母辞掉了工作专门在家照顾刚刚出院的祖父。祖母已经表态，如果苏珊找到工作，她可以帮忙照顾劳伦。

苏珊厌倦了挨饿，厌倦了早中晚都吃泡面，厌倦了在账单里越陷越深，厌倦了在自己家里"吃白食"。由于没有收入，全家还欠着房东曾祖母的债。缺席的房东向每位房客收少量房租，用于付房产税和补充社保金。苏珊的叔叔偶尔在后院给人修车，能有些微薄收入，勉强够付水电费。全家人都靠着苏珊和德文的食品券（food stamp）吃饭。在苏珊奔走于育儿和求职之间时，她也在学着另一项技能——在一无所有的境地中求生的艺术。

日均 2 美元式贫困的兴起

截至 2010 年，凯瑟琳·爱丁（Kathryn Edin）已经在美国各地的贫困社区进行了 20 余年的深入调查。她和低收入的父母们坐在家里的餐桌旁，或在他们工作时聊着家里的经济状况。从20世纪90年代初开始，她和同事劳拉·莱恩（Laura Lein）详细研究了全美福利领取者[1]的真实情况。她们认为，尽管这些家庭每个月能领到几百美元的福利金，但是他们仍在为生存而挣扎。通常而言，从福利办公室获得的现金和非现金援助只够抵用低收入家庭3/5的开支，所以每个月他们不得不拼命挣钱来填补预算中的巨大缺口。但爱丁和莱恩也发现，这些家庭如果能拥有足够的胆识与智慧，他们可以避免陷入最严重的物资匮乏境地。

2010年夏天，爱丁继续自己的田野调查，更新了此前关于赤贫人口的研究。让她震惊的是，与15年前相比，情况显然发生了变化。在采访过程中，她遇到了许多"苏珊－德文"式家庭——全家几乎没有任何收入来源。这些家庭不仅是美国标准下的贫穷家庭，更是所有穷人中最穷的人。一些人申请了食品券，即现在的"补充营养援助项目"（Supplemental Nutrition Assistance Program，SNAP）；一些人领着住房补贴；大多数家庭里都至少有一个成员领着政府资助的某种医疗保险；有的人偶尔还会去社区食品分发点领取食物。但是，与十几年前相比，这些家庭几乎都没有了现金来源。这让人震惊。他们不仅没有工资收入，也没有福利金。在20世纪90年代初，爱丁和莱恩遇到的福利领取者往往因为现金太少而无法生存，但现在的穷人根本不持有任何现金了，这影响了他们生活的方方面面。似乎缺少的不只是现金，更是希望。

爱丁开始彻夜难眠，她思索着美国的最底层社会到底发生了什么。她的调查可能存在偶然性。为了证实结论，她必须找到一项能代表全国真实情况的人口调查，这个调查要有针对性和长期性，这样才能看出赤贫情况是否真的有所增长。尤其是自20世纪90年代中期以来，美国的主要福利计划"抚养未成年儿童家庭援助项目"（Aid to Families with Dependent Children，AFDC）已经被一个有援助时限的、临时的福利方案所取代。*

2011年秋天，卢克·谢弗（Luke Shaefer）来到爱丁任教的哈佛大学深造了一个学期，这完全是个巧合。谢弗是"收入和计划参与调查"（Survey of Income and Program Participation，SIPP，以下简称为收入调查）的专家，该调查恰能回应爱丁的研究问题。调查由美国人口普查局主导，每年对数以万计的美国家庭展开调查访问。人口普查局的工作人员会详细询问被访者所有可能的收入来源，包括亲朋好友的赠礼以及打零工的收入。

---

* 1996年福利改革后，"抚养未成年儿童家庭援助项目"被替代为"贫困家庭临时援助计划"（Temporary Assistance for Needy Families，TANF）。这两项政策通常被美国人称为"福利"（welfare）。

调查的一个关键目标是尽可能准确地统计穷人的收入，以及他们获得政府援助的程度。当然，没人敢说这份调查数据是完美的，毕竟人们不会轻易把财务隐私信息告诉一个"从政府来的人"，尤其是这些信息或许会惹上法律麻烦。但相比其他数据，该调查确实最能说明美国极贫人口的经济生活状况。而且由于这项调查多年来一直追踪着同一问题，因此它是唯一一个能够回答自福利改革以来，几乎不持现金的穷人是否有所增加以及增加了多少的工具。

在那年秋天的一次清晨会议上，爱丁在她办公室里与谢弗分享了田野调查时的所见所闻。谢弗随后对收入调查数据进行了梳理，想看看能否从中发现与爱丁的观察一致的数据趋势。但首先，他需要明确一个能筛选出赤贫群体的收入标准。谢弗从世界银行衡量发展中国家全球贫困状况的一个指标——每人每天收入 2 美元——中得到了灵感。当时，美国的三口之家贫困线标准是在一年之中，每人每天收入约 16.5 美元，赤贫标准线为贫困线的一半，约合每人每天 8.3 美元。据谢弗和爱丁所知，对于穷人之中是否还有人过着低于日均 2 美元的生活，从未有人展开过调查。以收入调查项目作为依据，便能估算出到底有多少这样的美国家庭了。[2]

像其他杰出的社会科学家一样，谢弗试图证明爱丁的观察结果有误。他并没有只关注家庭的工作和投资收入（官方贫困线就只看这些），而是把所有家庭成员的任何现金收入都包括在内，无论其来源如何。他会计算任何现金形式的政府福利和私人养老金。亲朋好友的馈赠也会被计算在内，还有偶尔打零工的现金收入。简而言之，任何进入家里的钱都会被计入"家庭收入"。在初步计算后，谢弗又进行了如下计算：加上免税额度以及国家对穷人的非现金援助项目的价值。特别是"补充营养援助项目"，与其他非现金帮扶相比，它更接近现金帮扶的形式。

谢弗的分析结果令人惊讶。在2011年年初，有大约150万个家庭、300万名儿童每人每天靠着不超过两美元的现金维持着生计。也就是说，全美每25个有小孩家庭中就有一例这种情况。另外，不仅这些数据高得惊人，日均2美元式贫困现象还在极速增多，特别是自1996年美国具有历史性意义的福利改革法案通过后，增长速度快得令人不安。截至2011年，日均2美元式贫困家庭数量在短短的15年中已增加一倍有余。[3]

日均2美元式贫困并未因家庭类型的不同或种族不同而有所区别。虽然单身母亲家庭最容易陷入赤贫，但超过1/3的贫困户为已婚夫妇家庭。尽管非裔美国人和西班牙裔美国人的贫困增长率最高，但将近一半的日均

2 美元式穷人都是白人。

调查结果也有好消息——政府的援助之网至少能帮助到一些家庭。如果谢弗把"补充营养援助项目"以现金形式算入家庭收益的话，日均 2 美元式贫困家庭数量就能下降一半左右（但这种计算方式本身就存在问题，因为该项目并不能合法地换算成现金，毕竟它不能用来付电费、房租或买公交卡）。这个重要的非现金援助项目显然惠及了许多人。谢弗还发现，即使这样算，日均 2 美元式贫困家庭的数量仍在急剧增长——15 年内增长了 70%。如果再加上家庭在前一年内可能申请的免税额度以及住房补贴的现金值，该数据仍然增加了 50%。[4] 显然，这个国家的发展出了问题。

这些数据揭示了最底层家庭的深刻变迁，但我们还需要更多佐证。我们开始将目光转向收入调查项目以外，试图寻找日均 2 美元式贫困现象急剧增加的证据。根据美国食品银行的报告，自 20 世纪 90 年代末以来，寻求紧急食品援助的家庭数量有了明显上涨。政府关于补充营养援助项目申领群体的研究数据显示，无任何收入来源的家庭数量正在大幅增加。此外，根据全国公立学校的报告，越来越多的儿童面临无家可归的困境。这些证据似乎证实了一种新式贫困的兴起，它推翻了过去 30 年来人们在经济、政治和社会进步方面的所有美好假设。

当数据趋势步入真实生活

统计数据可以让我们意识到令人担忧的趋势，但不能告诉我们数字背后发生了什么。事实上，数字带来的问题远比答案更多。是什么导致了有小孩家庭中日均 2 美元式贫困现象的增多？ 1996 年具备历史性意义的福利改革是原因之一吗？这些家庭是否完全脱离了就业市场？或者说他们被卷入了一个低薪劳动力市场，而这个市场本身又以某种方式催生了赤贫？在现代美国，没有现金该如何生活？日均 2 美元式贫困家庭是如何生存的？福利改革后，这些生存策略是否发生了变化？对于想在 21 世纪的美国生存下来的家庭来说，相对非现金资源，现金为何不可替代？

为了更好地了解数据背后的真实生活，我们需要回到探究的起点，回到"苏珊－德文"式的家庭中。只有那些"两美元过一天"贫困家庭，才能讲述他们是如何陷入困境的。只有他们的故事才能揭示在世界上最先进的资本主义经济体之中，如何在身无分文的境况下求生。

2012 年夏天，我们在全国各地开展了深入的田野调查。如果日均 2 美元式穷人真的占据全部有小孩家庭的 4% 以上（约占全部贫困线以下家庭的 1/5 ），那么找到这种家庭并不容易。但也并非不可能。首要问题是从哪里着手寻找。我们希望找一个"典型的"美国城市，以及一个半个世纪或更长时间以来一直处于深度贫困的农村地区。此外，我们还想找一个新贫困地区。鉴于这一点，我们确定了一个在 20 世纪 70 年代之前一直比较富足，但在此后的几十年里经历了严重经济衰退的城市。最后我们希望将一个在过去长期贫困，但近年来开始复苏的地方囊括进来。

基于这些标准，我们在芝加哥、密西西比河三角洲的一些村庄、克利夫兰以及阿巴拉契亚地区田纳西州的约翰逊城设立了考察点。在抵达每个地点后，我们首先会联系当地的非营利组织，特别是在当地社区有着深厚根基的组织。我们在他们的大厅里张贴传单、在他们的活动中做志愿者，我们走进贫困家庭的大门。考虑到许多日均 2 美元式穷人被隔绝在非营利组织的援助之外，我们还争取到了社区中最值得信赖的成员的帮助。我们知道在这些社区中，贫困家庭正在挣扎。

调查始于"巨肩之城"芝加哥，这是诗人卡尔·桑德伯格的形容。[5] 将其作为首站是因为受到了杰出社会学家威廉·朱利叶斯·威尔逊（William Julius Wilson）的研究影响。他的著作《真正的穷人》（*The Truly Disadvantaged*）以芝加哥为研究案例，这是过去 30 年来探讨贫困话题的重要著作。[6] 威尔逊首先观察到了一个著名现象：如果一个穷孩子成长于身边都是穷人的环境，那么他的处境会比在中产阶级环境中长大的孩子要糟糕。威尔逊认为，即使林登·约翰逊（Lyndon Johnson）总统在 1964 年提出了"向贫困宣战"（War on Poverty），美国的贫困问题仍然存在。这是因为是自 20 世纪七八十年代以来，贫穷的非裔美国人越发被孤立，他们被隔离到周边都是穷人的社区，越来越难找到有报酬的工作。在威尔逊看来，正是"贫民窟底层"的黑人的失业率上升，才使得即使政府在扶贫工作上已经花费数十亿美元，贫困率仍然顽固地居高不下。

我们走在威尔逊曾经研究过的街道上，开始寻找那些"两美元过一天"的家庭。原本我们还担心这份努力会像大海捞针，但实际上找到赤贫群体却出乎意料得容易。在芝加哥短短的几周时间里，我们就找到了多个符合条件的家庭。最终的事实也证明，在其他每个地方都是如此。

克利夫兰在过去半个世纪里的迅速没落是美国曾经辉煌的制造业经济衰退的缩影。20 世纪 50 年代，随着工业的蓬勃发展，克利夫兰被诸多企业盛赞为"全美最佳选址"。但是在随后的几十年里，作为财富引擎的钢铁厂不再提供工作岗位，市里的凯霍加河多次发生火灾，而克利夫兰印第安人棒球队和布朗橄榄球队的光辉岁月也被后来的连续败绩所替代。人们越发意识到克利夫兰的衰落，它成了一个"湖上的错误"（the mistake on the lake）。这座城市虽然拥有世界级的文化机构克利夫兰艺术博物馆，以及全国领先的医疗保健机构克利夫兰诊所，但它仍在《福布斯》2010年"美国最惨城市"的榜单上拔得头筹。[7]

向南几百英里，田纳西州的约翰逊城坐落在阿巴拉契亚山脉山脚下。随着1965年采煤业的解体和小农经济的盛行，阿巴拉契亚地区成为美国最贫穷的地带之一，有1/3的人口生活在贫困线以下。最近的数据显示，由于经济的多样化发展，约翰逊城的贫困率已减半，与美国其他地区基本持平了。然而，约翰逊城所在的阿巴拉契亚中部地区仍有很多贫困地带。[8]据《纽约时报》报道，在约翰逊城北部和西部、肯塔基州的一侧，就分布有全国十大"最不宜居地区"中的6个地区。[9]约翰逊城的繁荣得益于教育和医疗保健产业，以及附近的金斯波特市一如既往强大的制造业。来自北方的老一辈移民被当地极低的生活成本所吸引，然而，经济发展需求仍能从该地的移动拖车营地、廉价公寓和政府补助房开发项目中得到体现。[10]

在更远的南方，密西西比河三角洲地区长期以来也是美国最贫穷的地区之一。它被历史学家詹姆斯·C. 科布（James C. Cobb）称为"地球上的最南之地"（the most southern place on earth）。[11] 该地的文化和经济历史十分有特色。三角洲曾一度依赖几代黑人劳工种植的棉花以获取高利润收益，而今基本上被玉米和大豆的大规模种植所替代。但这并不能解决当地的就业问题。该地的许多小城镇通常只有几千人甚至几百人，儿童贫困率高达 60% 甚至更高，是全国平均水平的 3 倍多。站在城镇街头向任何方向扔一块石头，几乎都能砸中日均 2 美元式穷人的家。

每到一处，我们就会开始寻找在至少 3 个月的时间里，每人每天靠着不到两美元收入生活的家庭。在大多数情况下，这种极贫状况持续的时间要更长。我们对这些家庭进行了长达数月的探访（个别家庭长达数年），时常和他们聊天、吃饭，持续观察他们的日常生活。他们的故事呈现出一些共同特征：他们对正规劳动市场的依恋程度高得令人惊讶；如果有家人或朋友陷入日均 2 美元式贫困，那他们自身的贫穷概率便会翻倍。

最后，我们长期追踪了 18 个家庭，其中 8 个会在本书中展开介绍。正如爱丁在 2010 年夏天初次遇到的那些家庭一样，有的家庭申领了补充营养援助项目或住在补助房里，有的家庭根本没得到过这些福利。在我们的田野调查过程中，一些家庭摆脱了日均2美元式贫困，另一些则没有。然而在摆脱困境之后，大多数人又再次陷入其中。

近期关于美国不平等现象加剧的公众讨论主要集中在过去10年间的最大赢家——那些收入最高的1%的群体身上。但在收入水平的另一端却存在着另一种不平等。

1995年，参议员丹尼尔·帕特里克·莫伊尼汉（Daniel Patrick Moynihan）提出了一个著名预言，认为拟议的福利改革将导致儿童"睡在井盖上"。[12]大多数评论家认为历史会证明他是错的。但是当前日均2美元式穷人的增多，是否代表了福利改革的巨大失败？也许莫伊尼汉的预言并没有那么离谱，也许他唯一的错误是认为经济分配最底层的失败是显而易见的。但实际上纵观历史，美国的贫困通常很隐蔽，它往往潜藏在公众的视野之外。

1996年的福利改革不是取代了美国的现金福利政策，而是几乎将其摧毁。崭新的援助网络的确为一些在职的穷人提供了强有力的帮助，但对那些无法找到或保住工作的人却鲜有扶持。援助之网建立在全职、稳定的就业条件假设之上，而现实的低收入劳动市场根本无法满足上述条件。本书呈现了援助网络与低收入劳动市场的混合反应，我们认为正是这个有毒的化学反应使日均 2 美元式穷人的数量出现激增。那些在赤贫之中挣扎的人摸索出了一套隐蔽且不断升级的生存策略，而这些策略或许会将一个家庭拉入剥削和非法的网络，颠覆传统道德。

本书出现的所有人物没有一个会认为政府的施舍能像改革前的福利制度那样解决他们的困境。他们最渴望的是工作机会，是一份时薪十二三美元的全职工作，是住在一个安全的社区、有一个还不错的住所，是能够稳定地生活。20 世纪 90 年代，美国开始对面向贫困有小孩家庭的社会援助体系进行改革，并对过去鲜少享有援助的在职穷人提供了更多扶持。扩展后的援助网络改善了数百万美国人的生活，但现实中依旧没有足够的工作机会，更不用谈工作机会的好坏了。而对于无业群体来说，国家已不再提供现金援助保障。

本书表明，美国的社会援助网络转型尚未完成，甚至已经产生了一些恶果。我们认为现在就是着手完善这项工作的时候。政府在强调个人责任的同时，必须大刀阔斧地扩大就业渠道、提高就业质量。但在某些情况下，以工作作为消除贫困的主要途径并不奏效。此时我们便需要一个真正的援助之网，一个能在危机之时兜住整个家庭的结实网络。

第一章

福利已死

　　刚刚8点，距上班时间还有半小时，位于芝加哥环路西侧荒芜街区的伊利诺伊州公共服务部办公室外就已排起了长队。这是一个潮湿的夏日清晨，是那种又下雨又出太阳的不寻常天气。人们蹲坐在地上，有的用伞或兜帽挡着雨，有的用浸透了的报纸或薄塑料袋罩着头。这栋两层高的黄砖办公楼就是人们寻求帮助的地方，比如来申请补充营养援助项目或医疗补助。但在传统意义上而言，它和目前几乎奄奄一息的现金援助项目的关系最为紧密，也就是很多人口中的"福利"（welfare）。[1]

莫多娜·哈里斯在队伍的最后烦躁不安。她的朋友注意到她快吃不上饭了，便说服她来这儿一趟。莫多娜和15岁的女儿布里安娜已经在北区的一个流浪汉收容所住了好几个月。收容所会在工作日供应晚餐，至于早餐和午餐，她们要靠附近的非营利组织解决。但每逢周末，她们仍会饥肠辘辘。收容所里的居民一般会依赖一个来路不明的家伙送的"多余口粮"果腹，但最近他带来的都是些早就过期的臭牛奶。

问到莫多娜此前没申请福利的原因时，她耸耸肩。事实上她根本没想到这一点，她解释道："我很久以前申请过的，但被拒绝了。他们倒是给我寄了一封信，信中只是说'你不够格'，也没说为什么……"她一分钱的收入都没有，还要养一个孩子，她很好奇自己为什么不够格。她姨妈的解释倒是简单明了："你没听说吗？他们就是不会再发福利了！"对莫多娜而言，这或许是再好不过的答案。"我其实都不知道有什么人得到过那个福利，你懂吧？我姨妈跟我说这些的时候，我觉得好吧，可能这就是我得不到福利的原因……我心想算了吧，可能就那样了吧。"尽管莫多娜此刻身处绝境，但她还是极不情愿去公共服务部申请现金福利。经过一番劝说，她终于勉为其难地答应来看看。[2]

多数情况下，当你向政府寻求扶持前，你就可以预料到这个过程会相当费时。首先，你得排号（在芝加哥，你必须一早就赶到公共服务部办公楼，等待的队伍在开门前就会排到街上），然后等着被叫号，之后才能见到工作人员并提供材料。在材料被处理时，你可以回家接着等通知。若申请被批准，你需要等着邮递员把电子福利转账卡送上门，它的作用类似于银行借记卡。

为了得到政府的援助，穷人必须"支付"他们的时间。

莫多娜自带一种高傲甚至优雅的气质。她嗓音圆润，发音准确，身姿曼妙，笑容温暖，皮肤黝黑又光滑。而排队的大多数人都精神憔悴，衣衫褴褛，牙齿龋坏，病态龙钟，笼罩在绝望的氛围中。排在莫多娜前面的女人面容慈祥，看上去有点早衰。她找莫多娜聊天，倾诉自己是如何努力地为成年的大儿子争取医疗补助的。她大儿子病入膏肓，因为艾滋病住了院，但申请补助的过程一波三折、阻碍连连，一耽搁就是几个月。最终，大儿子死在医疗补助卡寄到的前一天。现在女人又来了，这次她是替小儿子来申请医疗补助卡的。小儿子身患慢性疾病，需要治疗。

莫多娜在队伍里很局促，或许她觉得自己不属于这里（很多排队的人可能都会那么想）。在成长过程中，莫多娜的双亲工作稳定，虽然过不上大富大贵的生活，但她的生活环境也接近中产阶级水平。父母在她幼时便离了婚，她和不怎么管自己的患有抑郁症的母亲一同生活。这比和父亲同住幸运多了，父亲不仅控制欲强，还爱贬低身边的人。尽管如此，莫多娜还是从芝加哥一所不错的高中毕业了，随后进入一所像样的艺术类私立大学。但她只上了两年学，因为家人不愿在经济上继续支持她，助学贷款也已用完，只得辍学。欠了一屁股债，还没有拿到学位。她离开时幻想着哪天能回去继续学业，但爱情搅乱了一切。

布里安娜是在莫多娜和布莱恩结婚一年后出生的。当时的布莱恩一心想进入音乐行业闯荡一番，这把莫多娜迷得神魂颠倒。他有梦想，而且似乎一直在为实现梦想努力着。然而几年后，事实越来越明朗，也令人痛苦不堪。布莱恩只是一个沉迷于色情的惯骗。他会把色情杂志藏在地毯下并竭力否认："我们搬来时它就在这儿了！"有一次房东来赶人，布莱恩一直没付房租但拖着没告诉莫多娜。后来布莱恩出轨了，莫多娜被迫卷入了一场动荡不安、耗尽心力的三角恋中。就在布里安娜读一年级时，这场婚姻终于破裂了。

婚姻结束前的几年里，莫多娜一直在断断续续地打工。现在独自生活了，她必须有一份全职工作。她没有大学文凭，工作经历又零散，她能找到的最好的活儿就是在市区的群星音乐公司当白班收纳员，时薪9美元。她一干就是8年。莫多娜热爱这份工作："我在群星学到了很多。"母女俩在靠近密歇根湖的南岸街区租了一个小单间公寓，日子一度过得不错。两人靠着莫多娜的存款、补充营养援助项目的一点补助和布莱恩给孩子的抚养费勉强度日。布里安娜的成绩很好，有一学期还评上了优秀学员。莫多娜为自己能养活这个小家伙而骄傲。

但她们的公寓很快就开始出问题了。延期的物业维护变成了没有维护，莫多娜搞不定巨型水虫那么大的蟑螂和其他危险分子。她想解除租约并要求退还押金，她和房东之间的关系越发紧张。最后她请了律师，律师从市政府那里弄来了一份这栋公寓的违规事项清单。拿到清单的时候，莫多娜感叹它有"整整8页"。

就在莫多娜马上要赢得房东的让步时，群星公司的收银抽屉里少了10美元，她对此却无法解释。毫无疑问，她立即被解雇了，尽管她在那里服务了那么多年，涉及的金额还那么小。"就10美元！他们开除我之后马上就找到了！"但没人打电话来道歉，也没人请她返工。

从那时起，一切开始走向真正的崩溃。莫多娜的失业保险获批了，这在低薪服务业劳动群体中实属罕见，因为低收入和不稳定的工作时间的情况很难符合政策要求。[3] 莫多娜知道自己在这方面很幸运。但救济金不及她在群星公司的收入，并不足以覆盖房租。[4] 莫多娜拖欠了房租。一般来说，她的房东是愿意帮助处境艰难的租客的，但这次他打算趁机清退莫多娜。房租到期 6 天后，莫多娜的门下被塞了一封退房通知。

流落街头，莫多娜和布里安娜四处碰壁，被迫与一个又一个亲戚合住，忍受了很多屈辱。莫多娜父亲的新妻子不想看到她和布里安娜，所以她们不能去她父亲家。莫多娜的姐姐是住在西郊的警察，没什么耐心，仅仅几天后就下了逐客令。搬到母亲家后，母亲的男友开始骚扰莫多娜。母亲过去收养的孩子现在备受宠爱，她开始捉弄布里安娜，嘲笑她发育迟缓的身材、她的"尿布头"以及她无家可归的事实。最后，布里安娜爆发了。在又一次遭到养女的恶毒攻击后，她从厨房柜台上拿起一把刀，威胁着说要割喉。这起事件最后被认定为自杀未遂，布里安娜被送进精神病院，在那里待了近一个月。莫多娜计划等布里安娜出院后搬到密西西比州跟一位友好的阿姨合住。但莫多娜的父亲不让她们走。他的控制欲不减，声称如果莫多娜把布里安娜带到离布莱恩那么远的地方，她就犯法了。

毫无疑问，莫多娜很难在这种情况下找到工作。但她还是设法投了几十份工作申请，日复一日地辗转在街头。但工作一直没有着落。有一次莫多娜找到了一份临时工，在教堂的日营活动中担任助教。这份工作的结局很不堪。当莫多娜去领工资时，他们说没钱，因为政府拨款还没有到位。"我再也没收到那张工资支票，再也没有。"

最后，无处可去的莫多娜和布里安娜靠着仅剩的一点儿钱，在市中心的万豪酒店度过了几个特别的夜晚。虽然不太务实，但那是两人最快乐的时光，这个迷你假期修复了过去几个月里她们受的伤。她们甚至不愿用任何东西来交换那段日子。"天哪，我们喜欢那里……那儿太酷了，真是太棒了！"当谈到万豪酒店时，她们的喜悦溢于言表。然而下一站就是流浪汉收容所了。实际上是一连串的收容所，横跨整个芝加哥、一连串的收容所。

今天，当莫多娜在朋友的催促下终于来到公共服务部办公室时，她发现自己排着不想排的队，寻求着她认为政府不会给她的帮助。大约半小时后，门打开了。又过了半小时，随着队伍前进，莫多娜终于进了楼，不用淋雨了。排在最前面的人在服务台办理了登记手续，现在已经在等候区坐下。等候区被刷上了一种令人沮丧的绿色，豌豆汤的那种颜色。

又过了几分钟，一个女人从等候区边上的一扇门里走出来，她穿着正式，拿着一个文件夹。她挨个走近正在排队的人，小声地告诉每个"迟到者"他们只能受理那些在早上 7:30 之前取号的人。她走到莫多娜身边问："你有号吗？"莫多娜摇摇头说没有。"好吧，你只能明天再来了。"女人敦促莫多娜下次早点来，那语气似乎在说："你以为呢，早上 8 点才来？谁不知道至少要在7:30 之前到这儿呀，比开门时间早整整一个小时才行。"

女人继续往后走，一遍又一遍地传达着严峻的信息，大多数人听完就离开了。还有几个坚守的，非得排到服务台前才走。莫多娜坚持着，只想看看不走的话会发生什么。当走到最前面时，一个精心打扮的女人紧盯着电脑屏幕，告诉莫多娜今天已经没有预约号了。"你可以考虑一下在网上申请啊。"她建议着，扫了一眼莫多娜。在追问下，这位女士坦言其实网上申请也没有多方便，她仍然得来现场预约。

莫多娜是对的，她的朋友错了。这简直就是在浪费时间。

莫多娜现在比以往任何时候都相信，公共服务部办公室不会再发放现金福利了。从某种程度上来说，莫多娜是对的。在每 100 个美国人中，只有不到两个人可以在现金福利计划中获得援助，[5] 只有 27% 的贫困有小孩家庭可以获得。[6] 在美国，热衷于集邮的人都比领取福利金的人多。

1996 年，福利改革叫停了一项已实行了 60 年的政策。在过去的政策体系下，有需求的有小孩家庭一般都能获得现金援助。取而代之的是一项名为"贫困家庭临时援助计划"（Temporary Assistance for Needy Families，TANF，以下简称为临时援助计划）的新福利。它对援助周期施加了限制，并对身体健康的成年受助人提出了工作要求。如果达不到要求，受助人就会受到"制裁"，失去部分甚至全部福利。莫多娜就是在为这个项目排队。

1994 年，在旧福利政策实施高峰期间，援助范围覆盖了超过 1420 万人，包括 460 万成年人与 960 万儿童。到了 2012 年，也就是莫多娜去公共服务部的那年，名单上只剩下 440 万人，包括 110 万成年人（约 1/4 在职）和 330 万儿童，下降了 69%。到 2014 年秋天，临时援助计划的覆盖人数已下降至 380 万。[7]

1996 年之前，福利制度大大减少了生活水平低于日均 2 美元的家庭数量。截至 1996 年年初，该政策每月帮助 100 多万个有小孩家庭摆脱了日均 2 美元式贫困。无论人们如何看待它，它都为最贫穷的群体提供了一个安全援助网。20 世纪 90 年代末，随着福利改革在各州逐

　　　　　　　　　　　　　　两美元过一天

步实施，虽然福利仍在发挥作用，但影响力已开始急剧下降。到 2011 年中期，在新的临时援助计划下，仅有约 30 万个有小孩家庭的生活标准超出了日均 2 美元的水平。[8]

虽然日均 2 美元式贫困家庭的收入远低于新福利计划的门槛，但他们通常没去申请福利，原因之一在于他们压根没想到要这样做。就像莫多娜一样，许多人认为无论自己的需求多么迫切，从政府那里领钱都不切实际。

比如芝加哥罗斯兰社区的苏珊·布朗。罗斯兰社区位于莫多娜母女所在的收容所以南约 20 英里。当被问及是否打算申请福利时，苏珊退缩了，她断然摇头，似乎在说："当然不会！"至于她不情愿的缘由，她解释道："我只是不想再遭到拒绝……"每次被雇主拒绝时，她都会失控大哭。所以何必再让自己去遭受申请带来的挫败呢？

美国公众和媒体几乎忽视了福利政策的消亡，也忽视了其他穷人救助措施的出台。在某种程度上而言，得益于乔治·布什（George H. W. Bush，任期为 1989—1993）政府的改革，申请食品券项目的穷人大幅增多。[9]国家儿童医疗保险计划（State Children's Health

Insurance Program，SCHIP）创建于 1997 年，致力于将公共健康保险的适用范围扩大到数百万低收入家庭里的儿童。《平价医疗法案》（*Affordable Care Act*）的出台让所有低收入成年人更容易获得医疗保障，无论他们是否需要养育子女。

最值得一提的当属对于贫困工薪阶层的援助，特别是面向在职贫困父母的税收减免制度获得了很大发展。最重要的是"收入所得税抵免政策"（Earned Income Tax Credit，EITC，以下简称为税收抵免政策），当低收入职工凭资格获得税收优惠时，他们将享有退税。这样一年下来，低收入父母得到的退税额往往远高于从工资中预扣的所得税。税收抵免政策让从事正式工作的低收入父母群体获得了可观的收入增长（从事非正式工作的群体不符合退税条件）。许多人认为该政策能鼓励就业，因此它长期以来得到了民主党和共和党的共同支持。[10] 但问题在于，只有那些在职贫困群体才能申请。

这些援助措施的扩大意味着即使经历了具备历史性意义的福利改革，我们国家对于贫困家庭的支出并没有减少。事实上现在的支出要多得多。然而，尽管花了那么多钱，在莫多娜和布里安娜最艰难的时期也就是莫多娜失业时，除了补充营养援助项目外其他援助根本没起到什么作用。[11]

为了更清楚地了解新福利政策下谁获益、谁失利，我们可以比较莫多娜失业前后的境况。2009 年，即在她有工作的最后一年，她的收银员工资可以达到每年约 17500 美元，每月税后薪资约为 1325 美元。虽然当时她没有资格领取一分钱的福利，但得益于税收抵免政策，她在纳税时可以申请约 3800 美元的退税。（当然，雇主会先扣除社保税，所以她的收入并非完全免税。）此外，她每月还可以获得约 160 美元的补充营养援助。总而言之，有全职工作的莫多娜每年拿到手的退税和食品援助可以达到 5700 美元，相当于联邦政府为她加薪 36%，以补充她的低收入。[12]

现在，莫多娜失去了工作、用尽了失业险，所以她无法再得到任何纳税补贴。除此之外，她在住房上也得不到补贴。在芝加哥，由于等待住房援助的人太多，新申请已经不予受理了。唯一对失业的莫多娜有益的便是补充营养援助项目。当收入降至 0 时，营养援助会从每月约 160 美元增至 367 美元。但这并不能弥补莫多娜的收入损失，更何况它只能用来买食物，无法付房租、付水电费和买学生文具。因此，当莫多娜的收入从 17500 美元跌至空无一文时，她每年从政府那里得到的帮助也在缩水，从 5700 美元降至 4400 美元。

如果旧福利制度还在，或许莫多娜还有一线生机。

一张福利金支票可以让她和女儿继续留在小公寓里，她们的家当有地方可放，她们能睡在自己的床上，能洗澡和做饭。它也让求职更容易，她会有钱买公交卡、新衣服或理发，在与众多求职者竞争时，福利金能助她一臂之力。

但是福利已死。没人再发放福利金了。

是谁杀死了福利？你可能会认为，这一切都始于那位极富魅力的总统候选人。他来自离华盛顿很远的一个州，在国家发生巨变时，他参加了竞选。毫无疑问，他手段高明，即使只是通过电视机，你也能在他流畅的谈吐之中领略到魅力。但他还需要一个能抓住公众注意力的议题。他需要噱头。

1976年，罗纳德·里根（Ronald Reagan，任期为1981—1989）试图推翻自己党内的现任总统。这不是容易事儿。在准备竞选演说时，他试验了一个在竞选加州州长时收效甚佳的话题——"是时候进行福利改革了！"这个话题在全国各地的听众中引起了广泛共鸣。多年来，美国一再扩大穷人援助政策体系。在里根时代，该体系是围绕"抚养未成年儿童家庭援助项目"运行的。该项目于1935年大萧条时期首次获批，旨在向那些需求迫切的群体提供现金资助且无须回报。它没有时间期限，也不强制受助人必须找到工作或证明他们丧失劳动能力。随着受助人数的增加，有人质疑该项目"不公平"，认为它实质上滋生了懒惰。而且通过支持单身母亲，它纵许了非婚生育现象。也许这里的真正问题不在于福利政策为何会消亡，而在于一个与美国价值观如此相悖的政策为何能持续如此之久。[13]

事实上，福利的诞生带有些许历史偶然性。[14] 内战后，美国出现了一代年轻的丧偶妈妈，许多州开始实施"援助母亲"项目，试图帮助丧偶女性在家育儿，而不是将孩子扔到孤儿院。但在大萧条期间，州政府财政枯竭了。"受抚养儿童援助项目"（Aid to Dependent Children，即抚养未成年儿童家庭援助项目的前身）是联邦政府应对危机的救助方案，与早期的州政策一样，它旨在支持丧偶女性在家抚养孩子。受抚养儿童援助项目是美国 1935 年"社会福利立法大爆炸"中的一个脚注。当时的一系列立法为老年人建立了社会保障，为因非自身原因而失业的人提供了失业保险，为贫困老人和盲人群体提供了帮扶措施。开始时，社会福利规划专家将受抚养儿童援助项目视为权宜之计，认为如果养家糊口的男性曾缴纳过社保，在他们离世后遗孀就可以领取已故丈夫的社保金。

然而多年来，受抚养儿童援助项目的帮扶范围非但没有萎缩，反而在不断扩张。联邦政府逐渐放宽了帮扶资格，领取人数从 20 世纪 30 年代末的几十万人增长至 1962 年的 360 万人。丧偶母亲的确可以转向依靠社保金，而其他单身母亲——离异和未婚母亲开始大规模地参与到受抚养儿童援助项目之中。各州的扶持力度出现了很大差异。在密西西比州和亚拉巴马州等黑人众多的州，单身母亲得到的资助与马萨诸塞州、明尼苏达州等"白人州"相比，简直是九牛一毛。此外，由于美国公众普遍认为相较丧偶母亲，离异或未婚母亲并不值得帮助，许多州甚至开始采取措施将她们挡在门槛之外。[15]

20 世纪 60 年代，贫困问题成为公众关注焦点，部分原因在于迈克尔·哈林顿（Michael Harrington）的《另一个美国：美国的贫困》(*The Other America: Poverty in the United States*) 一书的出版。1962 年的美国正在拥抱前所未有的富裕，哈林顿却在书中提出了一个震惊全国的说法：据现有证据来看，有 4000 万至 5000 万的美国人（占全国人口的 20% 至 25%）仍然生活在贫困之中，遭受着"住房、医疗、食物和机会匮乏"的痛苦。哈林顿揭示了从纽约到阿巴拉契亚再到南方深处的穷人的生活，他叩问道："在这个繁荣之地，为什么会存在如此严峻的贫困？"该书对美国提出了挑战，迫使社会开始注意贫困问题。[16]

公众对《另一个美国》的强烈反应，也在某种程度上促成了后续事件的发生。在约翰·肯尼迪（John F. Kennedy，任期为1961—1963）总统遇刺后仅数周，林登·约翰逊（Lyndon Johnson，任期为1963—1969）总统宣布"无条件地对美国的贫困宣战"。[17] 在1964年的国情咨文中，约翰逊感叹道："许多美国人生活在希望的边缘，有些是因为贫穷，有些是因为肤色，还有太多人是因为这两种原因。"他呼吁国家要担起一项新任务——帮助穷人，"帮助他们以机会取代绝望"。但那时的联邦政府还没有一个衡量贫穷的正式标准。[18]

约翰逊希望提高公众对美国贫困问题的认识，他坐着"空军一号"展开了一系列"贫困之旅"。他前往肯塔基州的马丁县等地，探访了在水深火热之中挣扎的家庭，他强调阿巴拉契亚地区穷人的困境，强调他们在煤矿的工作机会正在迅速消失。几年后，当罗伯特·肯尼迪（Robert F. Kennedy）计划竞选总统时，他考察了加州的圣华金谷、密西西比河三角洲和阿巴拉契亚等地，想看看总统的"向贫困宣战"是否奏效。肯尼迪的走访行程是由有哈佛大学教育背景的助手彼得·埃德尔曼（Peter Edelman）组织的。埃德尔曼身着深色西装，戴着厚厚的黑框眼镜，他主要负责带领团队成员与当地官员协作，安排走访行程并组织社区听证会。在肯塔基州东部时，肯尼迪在怀特斯堡和弗莱明尼昂等镇举行了会议。埃德尔曼等人此前并未预料到新闻界对肯尼迪的肯塔基州东部之行的浓厚兴趣，媒体们一直在观望着肯尼迪是否会竞选总统。由于没有为记者团安排巴士，报道此行的记者们不得不自行租车，组成了一列三四十辆车的车队。埃德尔曼记得，"第一天结束时，我们比原计划晚了 3 个小时"。[19]

肯尼迪的扶贫行动因其 1968 年 6 月的遇刺身亡而被迫中断，但约翰逊的行动却掀起了新一波政策制定浪潮。针对贫困家庭的扶贫政策是约翰逊"伟大社会"（Great Society）及"向贫困宣战"计划的一部分，这一时期出台的相关政策比美国历史上任何时期都要多。国会将羽翼未丰的食品券项目设为永久性项目，并增加了用于学校早餐和午餐的联邦资金，以保障贫困家庭的儿童能免费用餐。社会保障的范畴逐渐扩大，致力于更好地为最贫穷群体服务。"启蒙计划"（Head Start）诞生了，并给穷人创建了医疗补助（Medicaid），给老年人创建了医疗保险（Medicare）。

但这场贫困之战并没有对现金福利制度（当时已更名为"抚养未成年儿童家庭援助项目"）进行扩展。事实上，20 世纪 60 年代末 70 年代初是该项目援助增长量最多的时期。从 1964 年到 1976 年，通过该项目获得现金资助的美国人的数量几乎翻倍，从 420 万人增加至

1130万人。在某种程度上而言，这一翻天覆地的增长是由全国福利权利组织推动的。该组织是一个由福利受益人和激进社会工作者领导的团体，它鼓励贫困家庭走进福利办公室申请福利金，并对项目主管施加压力，要求他们公平地对待所有申请人。

20世纪60年代末和70年代，全国福利权利组织还成为一系列法院判决背后的推动力量。这些判决推翻了过去几十年里将某些家庭排除在福利名单外的歧视性做法，特别是那些黑人户主家庭以及离婚和未婚母亲群体。例如，根据"一家之主"[*]的规定，各州的审核员们曾一度展开午夜突击检查，以确保受助人家中没有成年男子。此外，"合适的家庭"（suitable home）这一要求让审核员们在家访时一旦发现"混乱"就将该家庭排除在外。有的地方还制定了"白手套测试"，以确保申请人能完成"良好的家务"：如果审核员的白手套在窗台或壁炉架上蹭到了灰尘，申请者资格就会被取消。在上述规定全部废除后，申请量开始逐渐增多，支出也在增加。现金福利已不再是政府政策体系中一个无足轻重的注脚，而是联邦政府和州政府的一项重要承诺。[20]但随着成本

---

[*]　man in the house，即如果家里有任何成年男性，该家庭的受助资格就会被取消。

的增加，抚养未成年儿童家庭援助项目越来越不受欢迎。

综合社会调查（General Social Survey）是一项对美国人的态度展开的规模最大、最具代表性的调查。调查显示，有 60% 至 70% 的美国公众认为政府"用于扶持穷人的支出太少"。然而，当单独问到某些带有"福利"关键词的项目时，公众表现出的支持力度又会大幅下降。[21] 甚至罗斯福总统也声称，"福利是一种麻醉剂，微妙地破坏着人类精神"。[22] 虽然并没有明确证据支持这种说法，但人们普遍认为福利会滋生依赖之心。20 世纪 60 年代和 70 年代，有人认为向贫穷的单身母亲提供援助可能在一定程度上削弱了她们努力工作的意愿。[23] 实际上，这种言论所担心的大规模劳动力流失的现象并未出现。然而有时，证据并不能与听起来令人信服的传言相抗衡。

美国人对福利心存疑虑，他们担心福利会削弱健全人群的意志，剥夺人们自力更生的渴望。20 世纪 70 年代中期，正当国家努力应对近乎根本性的社会变革时，另一个让人们排斥福利的理由出现了。1960 年，只有约 5% 的新生儿由未婚女性所生，这与前 20 年的数据保持一致。但随后，这一比例开始以惊人的速度上升，到 20 世纪 70 年代初时已翻了一番，在接下来的 10 年里几乎又翻了一番。[24] 一连串的批评将这一趋势归咎于福利的影响。根据他们的说法，用公共资金资助未婚母亲会导致她们用丈夫换取救济。[25]

这一次，社会学家仍然无法提供任何权威证据，无法证明非婚生育率的急剧上升的确是由福利驱动的。[26]虽然福利或许导致了穷人结婚率的小幅下降，可是它却解释不了未婚母亲激增的现象。最终，美国人还是选择相信了这套说辞：抚养未成年儿童家庭援助项目与美国人所秉持的"自给自足"理念背道而驰，这个政策就是导致单身母亲不断蔓延的罪魁祸首。

在罗纳德·里根准备竞选总统时，公众正对福利国家的产物处于高涨的不满情绪之中。里根发现了这个极具吸引力的议题，他希望借此机会将自己与那些温和的对手区分开来。他的演讲很快开始围绕"福利女王"（welfare queen）——一个堂而皇之欺诈政府的恶棍——展开。与普罗大众不同，福利女王不需要工作或结婚，她孩子的父亲还被免除了照顾孩子的责任。

里根团队甚至在竞选时找来了一个女人，将她塑造成所有"福利症结"的集合体。在1976年1月的一次演讲中，里根宣布这位女士已经"用80个名字、30个地址、15个电话号码领取了食品券、社保和其他福利，还用了4个已故老兵充当自己的丈夫申领退伍军人补助，每年她仅免税现金收入一项就有15万美元"。里根用了恰到好处的语调来强调这一数据，那一刻，人群之中传出阵阵惊叹声。[27]

里根的演讲是根据真人真事改编的。来自芝加哥的琳达·泰勒（Linda Taylor）与里根本人一样，是一个值得搬上大屏幕的角色。乔什·莱文（Josh Levin）在《石板》杂志上撰文称，仅在 20 世纪 70 年代，"泰勒就因杀人、绑架和贩卖婴儿而受到调查"。她被卷入多起保险欺诈案之中，有多位"丈夫"被她利用和抛弃。[28]毫无疑问，她是一个真正的恶棍。但她与典型的福利领取者形象相差甚远。

从福利制度建立以来，负面的种族成见一直相伴左右。在里根将公众注意力转向福利制度后，人们对种族话题的关注和强调越发强烈。他的"福利女王"形象很快就在美国文化中站稳了脚跟：她是黑人，穿着皮草，开着凯迪拉克到福利办公室领取支票。实际上，这些刻板印象没有一条符合现实，尤其是在种族方面。诚然，20 世纪 60 年代末及以后，参与抚养未成年儿童家庭援助项目的黑人比例出现失衡，但从未出现过黑人领取者占大多数的情况。即使在里根时代，该项目的典型领取者也是白人。[29]

1976 年，里根在共和党初选中败给福特，但在 1980 年击败了当时的总统吉米·卡特。里根任职后采取了较为柔和的语气，在言辞上将福利领取者描绘为"不良公共政策的受害者"，而不再是恶棍。与罗斯福一样，里根认为穷人被卷入了一个麻醉剂一般的体系。他还受到了自由主义社会学家查尔斯·默里（Charles Murray）的鼓舞。默里在 1984 年出版了极具影响力的著作《失地》（*Losing Ground*），他认为社会福利政策助长了长期贫困。[30]默里的逻辑相当简单：现金援助会让女性保持单身并生子，很多人会竞相效仿；现金援助会削弱女性的工作意愿并招致多重麻烦。总之，默里把持续的高贫困率完全归咎于福利制度。通过打击工作和结婚的积极性，福利使得数百万美国妇女和儿童生活在贫穷之中。在里根的第二次就职演说中，他为默里的论点辩护，同时呼吁社会帮助穷人"摆脱依赖之心的蜘蛛网"。[31]

虽然演讲和呼吁十分隆重，但里根对福利制度施加的实际改变并不多。20 世纪 80 年代最引人注目的立法是《家庭支持法案》（*Family Support Act*），这是保守派和新民主党人的共同努力成果。（时任阿肯色州州长的比尔·克林顿是新民主党人中的佼佼者。）他们试图摆脱"高税收高开支"*的政策制定者形象，这一形象正让他

---

* tax and spend，政治术语，指政府为了增加公共开支而增加或征收税收的政策。

们在国会中失去席位。在对受助群体提出工作要求、加强儿童抚养费用执行方面，该法案是迄今为止最重要的一次尝试。新政启用后，虽然有个别受豁免的情况，但总体而言，申请人至少需要从事兼职工作或参加培训项目。不过最终该政策还是沦为了一个没有经费的纸面规定。就业计划的缩写"JOBS"（代表工作机会的"job"和代表基本技能的"skill"）相当醒目，但很少有州政府认真对待它，只有极小数受助者的生活真正因它得到了改善。

里根总统有句名言："我们向贫困开战，但贫困赢了。"[32] 至少从福利名单的参与人数来看，里根的反福利运动可以说是徒劳无获的。1988 年，有 1090 万人参与了抚养未成年儿童家庭援助项目，该数据与他刚上任时持平。4 年后，当里根的继任者乔治·布什离开总统办公室时，福利申请者数量已达 1380 万，包括 450 万成年人和他们的 930 万名子女。福利，一个极不受欢迎的社会事业，为什么能经受得住这样的攻势？如果福利的死敌罗纳德·里根都失败了，谁还会有机会杀死它？

大卫·埃尔伍德（David Ellwood）在担任哈佛大学教授的角色时表现得游刃有余。他有一双锐利的蓝眼睛，一脸邋遢的胡须，波浪卷发。他是个聪明人，来哈佛上大学后就再也没离开过，研究生一毕业就在那里找到了教职。埃尔伍德是明尼苏达州一位名医的儿子，父亲希望把埃尔伍德培养成政策制定者。在职业生涯早期，埃尔伍德便确立了权威福利政策专家的地位，他无所畏惧地踏入公共领域。[33]

在埃尔伍德之前，还没有人对"典型的福利受益者到底会领取多久的福利"这一问题作出可靠估测。埃尔伍德和同事玛丽·乔·班恩（Mary Jo Bane）于1983年发布了一项研究成果，他们通过纵向调查数据（对同一家庭进行超过10年的跟踪调查）表明，典型的福利申领周期不到两年。他们还发现，在任何研究时段都能找到长期申领福利的受益人。他们或是年复一年地持续领取，或是循环往复地加入又退出。这类家庭的申领时间较长，于是给人造成了一个不准确的印象：福利是在长期扶持贫困家庭。而埃尔伍德和班恩的研究所支持的真实情况却是，大多数家庭只是在困难时期或过渡期间把福利作为一种临时援助，多数人似乎并没有陷入里根所谓的"依赖之心的蜘蛛网"。[34]

查尔斯·默里在《失地》中对福利的控诉得到了广泛关注，与此同时，埃尔伍德也被推到了风口浪尖，他被视为福利的捍卫者。在当时的美国社会，这可以说是最吃力不讨好的活儿了。愤怒的信件和电话纷至沓来，埃尔伍德在《奥普拉脱口秀》上的亮相甚至引发了观众之间的激烈争执，这一段还被录了下来。对制片人和政客而言，找到愿意声称"福利让人懒惰"的观众是轻而易举的。埃尔伍德对他为福利辩护所招致的谩骂感到震惊。他想知道，一个引发如此仇恨的体系——甚至在许多它本应帮助的人之中——到底该如何生存下去。[35]一定有更好的解决办法。

在这一时期，埃尔伍德还意识到了一个关键问题：美国人并不像讨厌福利那样讨厌穷人。事实上，就在里根向福利开战的那几年，认为政府在帮扶穷人方面支出太少的美国人的数量还增多了，从 1986 年的 63% 上升至 1988 年的 70%。公众对福利的关注并不在于关心它花了多少钱，而在于获得援助的资格条件。虽然许多学者认为默里的说法不可信，[36]但也没有人能真正断言福利计划促进了就业或婚姻。埃尔伍德的结论是，如果政府对穷人的援助能以促进就业和婚姻的目标重新进行设计，也许美国公众会更愿意接纳。

埃尔伍德在《扶持穷人》(*Poor Support*)一书中解释了对该问题的看法。他认为"福利是一种帮助穷人和弱势群体的有缺陷的援助手段"，"福利让我们最宝贵的价值观——自主、责任、工作、家庭、社区和同情心——陷入冲突对立"。[37]新福利模式想要成功，它就必须是某种符合美国价值观的社会契约，它应该向人们提供援助，也应该要求人们劳动。

埃尔伍德呼吁对美国的扶贫方式进行重大改革，期待着颠覆福利制度。首先，他希望通过上调最低工资标准和扩充税收抵免政策来提升低薪工作者的收入。他建议将抚养未成年儿童家庭援助项目转变为"一个过渡性体系，旨在为暂时面临生活困难的人群提供正式但短期的经济、教育和社会支持"。[38] 在埃尔伍德的设想中，该计划可以在申请人接受教育和培训期间提供为期几年的援助。此后，申请人就必须工作。对于在期限届满前无法找到工作的人，政府可以为他们提供达到最低薪资待遇的公共就业岗位。埃尔伍德承认，提供高质量的教育和培训服务甚至是公共就业岗位需要巨大的开销。但他相信，如果这样的计划符合美国的核心价值观，公众就会为此买单。

埃尔伍德的规划丰富全面、层层递进。但在他的所有建议中，只有两条得到了广泛关注：一方面，美国的现金福利计划应该限制申领周期；另一方面福利应该设置工作要求。这些建议甚至比里根的方案要深入。

1992 年，一位新总统候选人希望挖掘出让选民产生共鸣的议题并让自己脱颖而出。比尔·克林顿（Bill

Clinton，任期为 1993—2001）长期以来一直是福利改革的倡导者，他来自阿肯色州，这是一个至少在文化意义上与华盛顿相差甚远的州。他的立场受到了大卫·埃尔伍德的影响。20 世纪 80 年代末，当埃尔伍德向全国州长协会提交题为《通过取代福利来减少贫困》（*Reducing Poverty by Replacing Welfare*）的论文时，克林顿迫切地向他表达了自己的钦佩之情。[39] 在参加总统竞选时，克林顿的观点是穷人应该得到充分的帮助，但这种帮助应该面向那些参加工作的穷人。现金福利的"权益"（即提供无限期的扶持而不期望任何付出）应当被终止。

再一次地，一位极富魅力的总统候选人选择将福利改革作为主要议题。[40] 克林顿的政策立场相当宽泛，但缺乏具体细节。他的言辞也不吸引人。布鲁斯·里德（Bruce Reed）是克林顿的助手，他负责为这位总统候选人描绘政治蓝图。31 岁的里德身材瘦弱，此前没有福利政策方面的专业知识。他迫切地希望为这个在他看来已经过度"左倾"的政党赢回白宫。他认为"福利改革"显然是政治赢家的选题，他不断寻找着内容和措辞为议题丰添羽翼。

1991 年 10 月，克林顿在乔治敦大学的一次演讲中首次宣布现在是时候"终结我们熟知的福利"了。在乔治敦演讲的前几天，里德正雄心勃勃地丰富演讲的核心思想，他偶然发现了埃尔伍德关于福利改革建议的文章。里德紧抓埃尔伍德计划中唯一符合保守主义理念的原则，在克林顿的规划中提出：家庭最多可以获得长达两年的现金援助、就业培训和其他服务，在此之后他们必须工作，要么要在私营部门就职，要么履行社区服务职责。"两年后就出局"成为克林顿的口号，这清晰地表明了这位总统候选人选择的埃尔伍德计划中的重点。[41]

克林顿对终结福利的承诺让他广受欢迎，但这可能是这位来自南方的州长在几个月的残酷竞选活动中的唯一亮点。新闻几乎每周都会爆出对他的指控——不正当性关系、逃避兵役、沾染大麻（但众所周知他从未吸食）。可以说，正是他对终结福利的承诺使他在竞选中保持了优势，没有什么能比福利改革更有利于克林顿的民意调查了。据《纽约时报》的杰森·德帕尔（Jason DeParle）的报道，一位竞选工作人员称这个议题为"纯粹的海洛因"[42]。

当克林顿接受民主党总统候选人提名时，他将福利改革计划置于了突出位置。1993 年，这位新总统在国会联席会议上发表了首次重要讲话，表示要履行承诺采取行动："我希望为领取福利的人提供相应的教育、培训、儿童保育和医疗保健服务，让他们重新站起来。但两年后他们必须重新工作，可能的话在私营部门，有必要的话就在公共服务部门。我们必须终结将福利作为一种生活方式的做法，应使福利成为一条通往独立和尊严的道路。"[43]

新总统的计划借鉴了埃尔伍德的理念，对福利（抚养未成年儿童家庭援助项目）施加了时间期限。同时也大幅扩充了税收抵免政策以增加贫困父母的工作收入。克林顿认为如此一来，国家将"创造历史，我们将通过这些原则奖励数百万努力工作的美国贫困群体。如果你有一个孩子，你只要每周工作40小时，你们就将不再贫困"。[44]在宣布支持贫困劳动者——那些值得帮助却从未获得帮助的人——的计划时，克林顿再次借用了埃尔伍德的观点，认为穷人"遵守规则"却"得不到公正待遇"，现在是时候"让付出得到回报"了。[45]

但据杰森·德帕尔的说法，埃尔伍德却担心克林顿关于福利时限的言论是否过于严苛。是否会有人利用自己的观点把一些家庭从福利名单上踢出去，致使他们陷入赤贫？埃尔伍德不止一次地努力澄清，他呼吁的是在全面扩大对在职穷人的援助基础上设置时间限制。布鲁斯·里德热切地期望新总统能履行承诺，"终结我们熟知的福利"，这让埃尔伍德十分好奇克林顿究竟会如何开展这场改革。[46]

尽管如此，当埃尔伍德接到来自新政府的电话时，他还是义无反顾地收拾行李启程前往了华盛顿。白宫邀请他担任美国卫生部的助理部长。在接下来的几天里，他和一位同事接受任务，着手制定计划，大刀阔斧地扩展税收抵免政策。新政被列入1993年克林顿政府预算计划，并于同年8月写入正式法条。在短短几年内，联邦政府在税收抵免政策上的支出（主要用于援助工薪阶层）就比在抚养未成年儿童家庭援助项目上的支出多了数十亿美元。[47]

福利制度本身的改革则更为艰巨。人们逐渐看出，政府尤其是总统对如何处理这一问题并没有具体计划。总统的口号"终结我们熟知的福利"倒是很明确，但没人知道如何将口号转化为切实行动。埃尔伍德的计划比现行的福利体系成本更高，因为它提供教育、培训和公共工作。布鲁斯·里德的规划与让总统当选的措辞更为一致，即大量削减福利支出而不是花费更多。总统会采纳哪种方法呢？

在这种背景下，一个跨部门工作组成立了，由埃尔伍德、里德和玛丽·乔·班恩共同主持。工作组包括30多名成员，来自与福利改革有关的各联邦部门。但实际上，成立工作组不过是一个公关手段，旨在展示克林顿政府对福利改革的承诺。此外，一个规模较小的卫生部工作组负责制定实际提案，里德等人也参与其中。这个工作组任务繁重，每周会议频繁，成员们夜以继日地工作了数月。埃尔伍德的副手温德尔·普里穆斯（Wendell Primus）被任命为小组的组织者。他是长期活跃于众议院的民主党人士，备受尊重，体魄强健，对福利政策的了解如同百科全书。然而，由于小组成员相互冲突的政治观点，工作组根本无法实现最初的目标。

直至1994年6月，在提议的医疗改革遭遇重重阻碍之后，克林顿团队才发布了福利改革方案。在新方案中，接受现金援助的成年人可以连续两年享受福利，期间没有任何工作要求。但之后他们必须工作，最好在私营部门，要不然就要接受补贴性工作（subsidized job）。事实上，方案对工作要求的豁免有点过头了，以至于根据政府的预测，若实施该方案，到20世纪90年代末只有极少数接受现金援助的人会工作。[48]克林顿的改革虽然增设了时间期限，但同时扩大了豁免范畴。简而言之，该方案并不能终结我们熟知的福利。

方案在提交国会后基本已名存实亡。1994年夏天，中期选举将至，两党都在为共和党的获胜作准备。民主党人不想再参与关于福利的辩论，因为这个议题会加深内部分歧并进一步削弱自身力量，共和党人则认为选举后他们自然会拥有绝佳的话语地位。双方都试图绕开福利问题。

多数观察人士都预测共和党会在此次中期选举中取得进展，但几乎没有人能预料到他们会取得压倒性胜利。共和党在两院均取得了历史性进展，自 1954 年以来首次完全控制了国会。纽特·金里奇（Newt Gingrich）准备接任众议院议长职位，当时的共和党人从没有在共和党议长手下工作过。

在抚养未成年儿童家庭援助项目开展的 60 年历史上，首次出现了共和党控制的国会和民主党总统共同支持福利改革的局面。改革的大门什么时候才被真正打开？答案是在 1995 年。没有人比众议院筹款委员会的工作人员罗恩·哈斯金斯（Ron Haskins）更热衷于改革。他是一名拥有儿童心理学博士学位的前海军陆战队员，20 世纪 80 年代获得国会奖学金后来到华盛顿，自此再未离开。哈斯金斯性格直率，精力充沛。在 1994 年"辉煌大选"后的第二天，哈斯金斯早上 5 点就起床了。他对共和党的大胜感到振奋，准备立即投入工作，着手让福利改革成为现实。[49]

在哈斯金斯的帮助下，共和党人抓住机会，以他们在《美利坚契约》（Contract with America）中提出的方案为基础，制定了自己的福利改革计划。《美利坚契约》是共和党在 1994 年选举期间的政策蓝图。他们设想的方案是将所有联邦福利资金以整笔拨款[50]的形式授予各州（联邦对支出设定上限）。这让福利更贴近人民了，赋予各州在资金使用方面更大的自由度，不必全部用于向穷人提供现金援助。

但对国会的共和党人而言，把钱下拨给各州而不附加任何条件是不合理的。为了获得整笔拨款，州政府必须保证受助人的劳动参与情况。起初，各州均对这一要求表示反对，毕竟促进就业需要钱，而且是一大笔钱。后来，一向保守的传统基金会的学者罗伯特·雷克特（Robert Rector）提出了一个建议，他认为就业要求可以通过减少福利领取总人数来实现，无论采取什么手段。当援助结束时，不管受助人是否找到了工作，[51] 都可以被视为符合规定。这个建议让大家达成了关键性妥协。

在共和党的方案中，整笔拨款的结构或许比就业规定更重要，它本质上为福利资金设置了上限。如果支出超过拨款上限，就别指望政府能提供帮助了，现在福利专员可以理所当然地说出"抱歉，我们已经没有钱了"。方案还规定，对于使用联邦资金提供的现金援助，各州要设置为期 5 年的时间期限，当然也可以更短，超过期限的受助人将无法继续获得任何现金援助。[52] 此外，政府不再保证有过受助历史的申请者能够再次获得补贴或公共服务工作。最重要的是根据该方案，有孩子的人将无法从政府那里获得哪怕一分钱的现金福利，即使家庭再无其他受助来源。而这一点正是旧的抚养未成年儿童家庭援助项目所能保障的权利。

大卫·埃尔伍德认为这些福利"改革"早已偏离了轨道。新方案并没有兑现承诺，而是甩开了承诺——甩开了名额、甩开了援助，无法保障贫困家庭的境况变得更好。实际上，新方案完全就是埃尔伍德的噩梦，他的想法被滥用在了自己从未想到的地方。也许是考虑到华盛顿已失去改革的时机，埃尔伍德于1995年7月从政府辞职，回到哈佛大学任教。在那里，他远远地静观新的发展动态。

接替埃尔伍德的人是肯尼迪的前助手彼得·埃德尔曼（Peter Edelman）。埃德尔曼曾在政府中担任卫生部部长唐娜·沙拉拉（Donna Shalala）的顾问，但在接替埃尔伍德的工作之前，他完全没有参与过任何福利改革工作。埃德尔曼的妻子玛丽安·赖特·埃德尔曼（Marian Wright Edelman）是一位备受尊敬的儿童权益倡导者，他们和克林顿夫妇已经有20多年的交情了。"第一夫人"希拉里·克林顿此前曾在玛丽安的儿童保护基金中担任董事会主席。

当彼得·埃德尔曼涉足改革之时，国会的共和党人已经大局在握。国会早就准备通过改革法案，但总统的确切立场还是未知数。埃德尔曼、玛丽·乔·班恩和卫生部的其他高层力劝总统，让他重新提出上一年的法案与共和党进行竞争。但克林顿不同意。

众议院和参议院的法案不仅将抚养未成年儿童家庭援助项目转为整笔拨款的形式，还将医疗补助纳入其中，同时削减了食品券计划的预算。这些条款并非总统愿意采取的措施，他会予以否决。[53] 1995 年秋天，即使是克林顿政府的内部人士也不知道总统到底会签署什么样的法案。他愿意走多远呢？

玛丽安·赖特·埃德尔曼在丈夫任职政府期间，于1995 年 11 月在《华盛顿邮报》上发表了一篇专栏文章，告诉总统"无论孩子来自哪个国家或父母是谁，他们都有权得到政府的庇护，如果这条美国儿童的基本道德原则在您的允诺下被打破，那么这将对儿童造成不可弥补的伤害"。[54] 随后，城市研究院的温德尔·普里穆斯和希拉·泽德勒夫斯基（Sheila Zedlewski）撰写的内部行政报告被泄露给了《洛杉矶时报》。该报告预测，参议院版本的福利改革法案将会"使110万名儿童陷入贫困，增幅近 11%"。[55]

到 1995 年秋天，玛丽安·赖特·埃德尔曼强烈反对法案的态度已是众所周知。此外，总统手下另一位权威分析人士也预测道，该法案会使 100 多万名儿童陷入贫困。白宫作好了准备来应对公众的愤怒。然而，总机并没有电话不断，愤怒的信件也没有塞满收发室。事实上，就在普里穆斯和泽德勒夫斯基的报告发布后，克林顿的支持率连续数周飙升至一年半以来的最高水平。[56]

福利改革法案在国会获批的可能性似乎越来越大。彼得·埃德尔曼回忆道，温德尔·普里穆斯曾对他说："如果（克林顿）签了它，我第二天就辞职。"[57] 埃德尔曼则认为这项法案还是有可能失败的，即使国会通过，克林顿也会否决它。1996 年夏天，国会最终通过的法案与克林顿先前否决的那一版几乎没有差异。虽然没有把医疗补助转为整笔拨款，但设置了食品券的申领限制，主要是为了保障合法移民的申领权利。最重要的是，该法案终止了抚养未成年儿童家庭援助项目，转而实施了一项有工作要求和时间限制的新计划。新计划以整笔拨款的形式让各州在联邦资金使用方面更为自由。联邦政府对福利金设置了 5 年的受助限制，各州可以自行规定更短的期限。计划还削减了面向移民的现金和非现金福利（尽管这些福利在随后几年里基本上得以恢复）。与此同时，对于找到工作的受助人和其他符合条件的家庭，计划增设了儿童保育补贴。但对于那些在私营部门找不到正式工作的人，计划没有任何救济措施，没有类似埃尔伍德提出的公共就业帮扶，也不会为教育和培训提供额外的资金。

克林顿与内阁及几个最亲近的顾问开了一个紧张的晨会，随后宣布他将签署法案。1996 年 8 月 22 日，克林顿完成签署，此前一天他刚刚签了 5 年来首次上调联邦最低工资标准的法案。总统正在兑现他的承诺，终结我们熟知的福利。同时，他通过适度提高最低工资标准来为贫困的工薪阶层加薪，通过税收抵免政策提供大量工资补贴。这就是克林顿的妥协。

美国对穷人的承诺来到了分水岭。温德尔·普里穆斯言出必行，辞去了职务。不久后，玛丽·乔·班恩和彼得·埃德尔曼也辞职了，这是两人共同作出的决定。在一次卫生部会议上，他们坐在桌对面，埃德尔曼记得自己问道："我们是不是想的一样？"[58] 作为政府工作人员，他们有责任执行他们所反对的新法案。两人离开时没有公开发表声明，只向各自的团队发送了电子邮件说明了决定。然而，他们却登上了全美头版报道。《华盛顿邮报》指出，他们的辞职是"一种不寻常的公开行为，凸显出政府内部对于改革的严重分歧"。[59]《纽约时报》强调，"埃德尔曼先生的辞职是一种'特别的谴责'"。[60]

除了几个高级官员的辞职，克林顿并没有因为签署法案受到其他重大影响，他的支持率甚至飙升至60%，在1996年的总统选举中稳居高位。民主党全国代表大会也没有像一些人预测的那样因抗议而解散，总统在11月的选举中以巨大的优势再次当选。如果克林顿将第一次总统当选归功于福利改革，那么兑现竞选承诺则帮助他完成了连任。

最令人惊讶的是，福利问题很快就从人们的视野中消失了。1996年夏天，这个存在了60年之久的联邦计划，这个经历住了改革者数十年考验的政策体系，这个罗纳德·里根曾展开正面攻击的敌人，经过国会和总统的大笔一挥，就此终止，没有引起任何骚动。国民所熟知的福利就这样死了，而且似乎很少有人在乎。

丹尼尔·帕特里克·莫伊尼汉是一位来自纽约的民主党参议员。自20世纪60年代初以来，他在每一次全国性福利讨论会中都发挥着主导作用。在1995年国会关于改革的辩论中，他以"圣经"式的预言告诫同事："如果10年后的某天早上，我们发现孩子们睡在井盖上，被抱起时他们已经冻僵了。那时我们才会思考他们为什么会在这里捡破烂？这对他们来说很不幸，对我们来说是一种折磨。谁还会记得这一切的开端？它始于今年春天的众议院，始于今年秋天的参议院。"[61] 在 1997 年年初发表于《大西洋月刊》的文章中，彼得·埃德尔曼警告说，一旦新福利计划的受助期限开始生效，国家将出现"更多的流浪汉，本已捉襟见肘的收容所和救济站将面临更多需求"。[62]

在福利改革通过后的几年里，几乎所有人都认为改革是正确的。2006 年，前总统克林顿在《纽约时报》上撰文，夸耀自己的执政成果具有里程碑式的意义："事实证明，福利改革已取得巨大成功，这说明当两党共商国家大计、共促国家利益之时，我们能取得更大的成就。"[63]

的确，一些成功的迹象显而易见。离开福利机构去工作的贫穷单身母亲的数量之多完全出人意料。1993 年，58% 的低收入单身母亲处于在职状态，2000 年，这一数据已近 75%，这是一个前所未有的增长幅度。[64] 2000 年，虽然经济放缓导致就业率有所下降，但就业数据仍然高于改革前的水平。即使在 2007 年至 2009 年大衰退前后的高失业率时期，就业率也并未下降很多。随着福利制度的改革，现金援助个案数量急剧下降，并一直保持在低水平，甚至在大衰退期间也是如此。

此外，1996 年后，儿童贫困率连续 4 年下降，再未达到过改革前的峰值。这与人们的预测相悖，改革并没有使更多儿童陷入贫困。税收抵免政策得到了扩充，最低工资标准得以上调，儿童保育补助的名额也增加了，这一系列措施体现出政府对在职贫困父母的资助更加慷慨。20世纪90年代末的经济蓬勃发展，政府在实施新福利计划的同时，就业市场上的工作机会也变多了。全国失业率在2000年降到了4%的低点。从某种意义上说，改革成功势在必得。

就在克林顿总统和众议院共和党人取得胜利之际，福利改革的阴暗面逐渐暴露。从理论上来说，大多数穷人不领福利是因为已经找到了工作。但实际上，有40%的人在退出福利体系时仍处于失业状态。有人是迫于新福利的工作要求限制退出的，大部分人是出于未知原因。[65] 在找到工作的人之中，他们的工资、待遇和工作质量通常都很低。因此，绝大多数的"福利体系退出者"仍面临着贫困。[66] 更令人担忧的是，21世纪初的一系列研究表明，既不工作也不领取福利金的单身母亲（研究人员称之为"脱节"群体）在大幅增多。[67] 预计到21世纪中期，每5个单身母亲中就有1个属于这种情况。与那些因成功求职而退出福利体系的人相比，这部分人群会面临着更严峻的物资短缺困境。[68]

底层家庭也开始出现其他问题。2001年以来，越来越多的补充营养援助项目申领家庭反映，他们没有现金收入来源，既没有工作，也没有得到公共援助。[69] 到2006年，这类家庭的数量比10年前增长了143%。2012年，120万个申领家庭告诉资格审查人员他们没有收入。私营慈善机构也开始感到压力。"赈济美国"（Feeding America）是一个旨在消灭饥饿的慈善组织，它在全国范围内设置食品银行网络。该组织每隔几年就会对慈善食物的分配进行全国性调查。调查显示，1997年全国范围内的食物分发点和其他应急食物项目为大约2140万的美国人提供了服务；到2005年，这个数字增加了390万；而在大衰退期间，数字进一步增大，截至2009年，受助人数已达3700万。[70]

丹尼尔·帕特里克·莫伊尼汉来自纽约，在2001年经济下滑期间，该市的流浪汉服务需求经历了急剧并持续的上升过程。有证据表明，在随后5年内，全国的流浪汉数量也急剧增多。从2004年开始，公立学校要求统计班级内流浪儿童（指父母或监护人无法负担永久住房的学生）的数量。在2004—2005年，这类儿童达到了65.6万人。2005—2006年，由于卡特里娜和威尔玛飓风的影响，数字出现短暂激增，随后涨势渐缓，在2007—2008年攀升至79.5万，2012—2013年涨至130万。[71] 虽然莫伊尼汉、埃德尔曼和其他在1996年改革法案签署之际辞职以示抗议的反对者们所提出的预言没有立即得以验证，但十几年后的数据足以体现出他们的先见之明。

在这些令人不安的数据背后，是大量有小孩家庭每天靠着 2 美元度日的现实，这一趋势彰显着福利的无能为力。当家庭遇到困难时，现金援助系统已经不能再提供救助。

没有人知道为什么改革后的福利名单上的人会一直这么少，甚至在大衰退期间也是如此。最可能的原因是那些被踢出名单的家庭已经超过了受助期限。但事实证明这种情况相当少，并不能解释大趋势。研究人员无法解释为什么有这么多像莫多娜这样有资格参与的家庭一开始就被排除在外。对于那些未到受助期限且符合要求的申请者来说，他们不想申请的理由是申请过程过于耗时。[72] 正如莫多娜了解的那样，仅证明自己的迫切需求并不能保证可以在名单上获得一席之地。即使通过审核，申请人也会对福利的回报产生怀疑，因为多年来福利水平已经下降了很多。此外，申请人需要参加工作以换取福利，除非因某种原因被豁免，在某些情况下还需要参加无偿的社区服务。因此，潜在的申请人可能会笃定，比起申请福利，不如把时间花到上街寻找真正的雇主上面。当然从政策角度来看，这样的选择并不完全是坏事。

也许更重要的原因在于，福利改革的那些年恰好也是低收入单身母亲的育儿思想发生根本性转变的时期。在改革之前的几年里，研究人员与数百名领取福利金的单身母亲进行了深入交谈。结果表明，她们认为从事全职工作会大大削弱自己成为好母亲的能力，尤其是当孩子还很小的时候。[73]随后便是轰轰烈烈的20世纪90年代，这些单身母亲一方面被福利规则的变化所推动，另一方面被税收抵免政策的扩充、最低工资的上调以及经济的空前强大所拉动，她们以空前昂扬的姿态步入职场。

在福利改革的几年后，研究人员对先前的受访者进行回访，此时典型的单身母亲谈论工作的态度已经与几年前截然不同。她们告诉研究人员，为了成为榜样妈妈，自己必须通过求职来作出示范，彰显教育价值。对这些单身母亲来说，"重返福利"无疑违背了她们对成为榜样妈妈的追求。向政府索取福利，社会会给你打上深刻的烙印，自我还会强加一种污名。[74]

为什么不求助于福利？最扼要的答案来自芝加哥的莫多娜·哈里斯。随着援助名额在短短几年内大幅缩水，成功申领对于穷人来说十分罕见，以至于它逐渐退出了公众视野。在莫多娜的亲朋好友中，没人知道有谁正在领取福利，即使是那些迫切需要救助的人。

如果埃尔伍德的计划能在20世纪90年代中期生效，在一无所有的漫长生活中，莫多娜和布里安娜或许能得到一些现金援助。或许莫多娜还能得到最向往的、一份有补贴的工作。莫多娜认为自己是一个劳动者，也是一个贡献者，她为此感到自豪。如果埃尔伍德的计划真能奏效，也许莫多娜就不会陷入日均2美元式贫困旋涡，也不会反反复复地流浪街头了。但谁也说不准事情到底会如何发展。

众所周知的是，1996年的改革家们不只是"取代"了福利，而是扼杀了福利。当下陷入日均2美元式贫困的人们压根儿不会再想到福利了。事实上，住在收容所的莫多娜·哈里斯和挤在破房子里的苏珊·布朗都有资格享受福利，但她们都认为政府不会再发放福利了。

第二章

危险工作

乘坐公交车向东穿过芝加哥南区，35分钟后下车再步行几个街区，珍妮弗·埃尔南德斯来到芝加哥托管服务公司总部。在过去的两年中，她曾两次摆脱日均2美元式贫困。她每个工作日早上7点来，那时天刚亮不久。在用对讲机向老板黛博拉报道后，这位两个孩子的母亲被叫进了办公室，她爬上陡峭的木台阶来到二楼。起初，珍妮弗觉得这是"一份相当好的工作，我挺喜欢的，我热爱这份工作"。至少在她和孩子们接连被送进急诊室之前，她一直是这么认为的。

托管服务公司专门为公寓和办公套房做深度保洁，最近也接手一些转售中的法拍房。每天的工作量差异极大，"有时一天做1户，有时一天会做7户甚至12户！"珍妮弗说。她和同事从来都不知道当天会把他们派到哪里去。"有时我们在黄金海岸给公寓做保洁，有时在西普尔曼清理废弃房屋。西普尔曼是芝加哥南区的一个破社区，总之整个市区我们都跑。"

珍妮弗和其他"托管员"先签到、打卡，然后打包当天分配的海绵、由黛博拉按标准严格分发的清洁剂，以及最终都会变成棕色的白抹布。物资被装进肮脏的粉红塑料桶里，跟着人们辗转于不同地点。员工们将塑料桶连同旧吸尘器、扫帚和拖把一起推下狭窄的楼梯间，装进一辆汽车的后备厢里。车是一个团队成员提供的，他可以凭此赚些额外补助。黛博拉催促着珍妮弗和其他人加快速度。"她简直就是咄咄逼人，什么都想掌控，就是那种——走！走！快走吧！"

抵达第一个工作地点后，员工们拖着物资进屋。他们先扫地，然后吸尘、拖地，跪着用手擦洗地面，彻底清除擦痕和污垢。水槽、淋浴器和马桶被擦得闪闪发光，墙壁、门和窗框每个地方都一尘不染，甚至没有指纹。无论任务单上有多少个地址，无论活儿有多繁重，他们必须设法用定量的清洁物资来完成当天的工作，不够用的话就会遭到黛博拉的训斥——她用她的鹰眼监视着公司的亏损。此外，团队必须严格遵守时间表，完不成当天的所有任务，谁都别想回家。

一天的工作终于结束，珍妮弗在等孩子的空当揉揉疼痛的双手。此时通常快到下午 6 点了，凯特琳和科尔马上上完课外兴趣班。凯特琳今年 10 岁，戴着厚厚的眼镜，留着齐下巴短发，瘦瘦的。她上蹿下跳着，滔滔不绝地聊着班上的趣事。科尔是个安静的 7 岁小男孩，留着寸头，笑容温暖，不爱说话，他会在走路时紧握住妈妈的手。

珍妮弗的时薪是 8.75 美元，如果有幸全职工作的话（这并不常见），她的双周税后工资约为 645 美元。[1] 在芝加哥，两居室公寓的月租金平均为 960 美元。[2] 如果没有收容所提供的一年期住房补贴，珍妮弗和孩子们几乎无法生存。当在托管服务公司找到工作时，珍妮弗就获得了收容所的住房补贴资格。收容所将这个节点称为"第二阶段"（"第一阶段"是收容所居民的求职阶段）。靠着工资、补充营养援助项目和住房补贴，她终于可以缓一口气。拿到第一份工资后，珍妮弗一家搬到了一个非营利组织的公寓里。那是一间简陋的一居室，位于经济低迷的马凯特公园社区。有了补贴，她只需要将净收入的 30% 作为房租。她计划着努力工作、改善生活，如果运气够好，也许一年之后她就可以自给自足了，不过那时补贴就会失效。

托管服务公司的聘用电话是在拉卡萨收容所（珍妮弗一家 10 个月以来住的第三个收容所）即将驱逐他们的前几天打来的。他们马上住了 3 个月了，快要超过最长期限。但珍妮弗还没有工作。在 10 个月的求职过程中，珍妮弗一家已然是标准的日均 2 美元式穷人家庭了——没有收入，没有家人朋友的帮助，没有一分钱的福利，没有任何现金。他们仅靠着补充营养援助项目和收容所生存着。所幸珍妮弗还有一个天赋，她能搜罗到政府和慈善机构分发的所有"免费物品"。当凯特琳和科尔背上装满学习用品的新书包、穿上新校服时，他们脸上露出的笑容是珍妮弗最大的慰藉。她最喜欢的活动是带孩子们去看免费的《哈姆雷特》，这是芝加哥"公园里的莎士比亚"系列活动里的节目。

2012 年夏天，珍妮弗住在拉卡萨。跟住在北大街和西南区收容所时一样，勤勉的她一直在找工作。她每天都在闷热的地下电脑室里花几个小时写简历，然后上街投给一家又一家商店。她努力看着店主的眼睛，试图留下好印象。但外表拖了她的后腿。她一咧嘴就会露出严重的龋齿和污渍斑斑的牙龈，眼镜还少个镜腿，斜挂在鼻梁上。她还患有哮喘、体重超标。当穿梭于店铺之间时，珍妮弗总是感到步履艰难、喘不过气。

芝加哥托管服务公司给了珍妮弗一个和主管黛博拉面对面的机会。那时已是 8 月中旬，她已经要濒临绝望了。在拉卡萨收容所的两个半月内，她申请了上百个职位，却从未得到过任何面试邀请。再等半个月，要么她会顺利找到工作并迈入"第二阶段"，要么她和孩子们就会重新流落街头。芝加哥市内所有她知道的家庭收容所他们都待过了，这次还能去哪里呢？

幸运的是，与其他服务业雇主不同，黛博拉并不介意珍妮弗的斜视和她的黑牙龈，也不怎么介意珍妮弗的住址（"拉卡萨""收容所"等字样会表明她的流浪人员身份）。毕竟对于托管服务公司的客户来说，绝大多数员工都属于他们根本接触不到的群体。一般地，只有那些处于求职链最底层的人才会来这里工作——那些有前科、沾染毒瘾或像珍妮弗这种住址落在收容所的人。这个职业需要的是愿意努力工作并接受低薪的人，珍妮弗正好非常愿意。

在秋季，大部分工作任务并不算糟，通常是清洁大型公寓楼和空置办公室。当然，工作会很辛苦，工作时间不确定、管理也非常苛刻。但在最初的几个月里，珍妮弗唯一抱怨的只是高离职率："每周我都会看到新面孔。"鉴于黛博拉的快节奏工作方式，只要新员工不熟悉工作流程，整个团队就很难按时完成任务，所以每来一个新员工都会拖累团队。但当任务一旦完成、所有东西都被擦得闪闪发光时，肉眼可见的工作成果会让珍妮弗的成就感油然而生，这标志着她为当天的生活付出的努力。

珍妮弗的窘境直到冬天才真正开始，那时工作任务开始转向源源不断的法拍房。仅在 2012 年，芝加哥地区就有成千上万的法拍房登记在案，成为当年受法拍房影响最严重的城市之一。[3] 这些房子中有很大一部分位于卢普区以南较贫穷的黑人和西班牙裔社区，珍妮弗经常被分配到那里工作。在芝加哥，很多少数族裔房主都是银行巨头掠夺性贷款的受害者，他们深受次贷危机之伤。数以千计的空置房散布在芝加哥贫困社区的街道上，给社区笼罩了一层被遗弃的氛围。随着天气越来越冷、天色越来越暗，珍妮弗花了越来越多的时间待在这些废弃房子里，许多房子"已经闲置了很久很久，没有电、没有灯、没有暖气，仿佛身处冰窟。但我们还得去打扫它，还要让它看起来更漂亮！"

在进门前，珍妮弗想象不到里面的情况。银行会给这些空房子上锁，试图把非法占居者、瘾君子、小偷和拾破烂的挡在门外。但徒劳无功，"他们还是会闯进来，把这里变成危房。"风化的胶合板虽然遮住了外面的窗户，但屋内地板上仍然散落着碎玻璃，没有灯光很难看清。楼上蜷缩着的是一个瘾君子，还是一个依偎在一起的穷苦家庭？或者藏着某个动物？一个制毒窝点？

珍妮弗和同事们要打扫的房子通常都处于不同程度的失修状态，布满污垢和灰尘。"大量的活儿，大量的污垢，大量的清洁必须要做。"涂鸦通常是第一个信号，它向清洁工们表明"此处已有人闯入"。有时，拾破烂的人已经把屋里有价值的东西都搬走了。"他们什么都拿，甚至是马桶和水槽。"家电不见了，厨房和浴室的橱柜被搬了，地板上的瓷砖被撬走了，就连铜线和其他值钱的金属都从墙上的洞里被挖出来扯走了。

水是清洁工作的关键。对于清洁团队来说，获取水是一项巨大的挑战。房子里的水闸早已关闭，他们别无选择，只能自己带些热水。水装在桶里用车拖来，很是沉重。即使水在来的路上没有冷却，但在芝加哥的冬天、在没有暖气的房子里，水很快就会凉了。他们带的水根本不足以干完一个活儿，更别说整个清洁任务了。水桶里的水很快就黑了，在台面、窗户和地板上留下污迹。他们提着桶去邻居家、附近的加油站或餐馆求水。在商业场所，他们会避开人们的视线，偷偷溜进洗手间装满水桶后悄悄离去。

清洁物资用不了多久就会被耗尽。一旦用完，珍妮弗（仅仅几个月后就成了资深员工）会收拾好空瓶子，拿回办公室补充。当她补完货准备返回时，黛博拉会质问她："你们是怎么用完的？你们把它用在什么地方了？"她似乎在要求他们用打扫一间豪华公寓所需的漂白剂去打扫一间破房子。

珍妮弗和同事们在这样的房子里日复一日地工作着，有一天，他们在冷空气里看到了自己的呼吸。"我们该穿毛衣和外套了，至少必须要戴上手套。"珍妮弗不得不跑到救助站去搜罗大衣，穿在自己的大衣外面。几周以来，她一直在"冰窟"工作，冰冷刺骨的水和腐蚀性洗涤剂刺激着她的双手，手先是起水疱，接着脱皮，"他们根本没给我们任何护具，这种工作条件太不健康了！"

珍妮弗的哮喘病开始反复发作。在清洁完一个又一个法拍房后，仅仅是房内的潮湿空气就足以让她头晕目眩。哮喘通常伴随胸闷，珍妮弗整夜都感到呼吸短促。她开始感冒，然后发展成久治不愈的咳嗽。后来她又感染了一连串的病毒。她在生病时仍会坚持工作，但黛博拉让她回家，担心她会传染给其他员工。珍妮弗开始好转后，孩子们又染上了她的某种病毒，而且两个孩子也都患有哮喘。有几个冬夜，一旦他们仨之中有人开始脸色发青，这家人会一起冲到急诊室注射肾上腺素。

黛博拉很快就不耐烦了，"你为什么少干了这么多活儿？为什么耽误了那么多天？"她责问道。珍妮弗解释说，在窗户破了、玻璃碎了的法拍房里工作，寒冷、发霉的环境让她身体不适。她询问在天气变暖前是否还有其他工作可做，但得到的回答是打扫法拍房就是公司目前唯一的任务。

从 1 月进入 2 月，珍妮弗每周排班表上的工作安排慢慢减少——35 小时、30 小时、25 小时、20 小时，甚至更少。她曾因高质量完成工作而在排班表上名列前茅，但现在生病缺勤让她成了垫底。到 3 月初，她每两周的收入勉强达到 200 美元，月均收入只有 400 多美元。减去房租和通勤所需的 84 美元公交月票，这份工作"情况并不好"。她从拉卡萨收容所获得的住房补贴只剩下 7 个月期限了，她必须赶快通过工作实现自给自足。珍妮弗意识到她得另谋出路了，但过去的经验告诉她，对她这样的人而言，找到一份全芝加哥最差的工作也是难上加难。

珍妮弗在 3 月初给黛博拉提了离职，结束了在托管公司的工作经历。6 个月来，这份工作让她摆脱了日均 2 美元式贫困。在此前的 6 个月中，她每天靠着不到 2 美元挣扎度日，这段经历成为支撑她坚持工作的原因。

随着收入下降到零，她要承担的房租也降为零。尽管已经离职，拉卡萨收容所允许她在到期前继续申领补贴。不用付房租，退税也即将到账，她在求职期间勉强维持着生计。孩子们在 8 月前不需要新校服和学习用品，10月前不需要冬衣，房租补贴 11 月初才到期。珍妮弗需要休息、养好身体，确保孩子们健康地度过这一学年。她要快点找到下一份工作了，最好是一份不会让她生病的工作。此前她花了 10 个月才找到托管公司的活儿，找到下一份她又要花多长时间呢？

大多数日均 2 美元式贫困家庭通常不会与劳动力市场长期脱节。他们中的大多数人都是那些在找不到或无法持续工作时陷入赤贫的工薪阶层。正如珍妮弗和孩子们一样，典型的日均 2 美元式贫困家庭的户主通常是大部分时间忙于工作但又陷入困境的成年人。事实上在2012 年，70% 经受了此类贫困的儿童都与在一年内的某个时段里有工作的成年人生活在一起。[4]

然而，就算是全职工作也无法使一个家庭摆脱贫困。[5] 假如珍妮弗在托管服务公司工作一整年，按照每周 40 小时的工作量一天也不休息（甚至包括圣诞节和感恩节），18200 美元的年收入仍然不足以使她的家庭脱离贫困。2013 年，三口之家的贫困线标准为 18769 美元。靠着税收抵免等退税政策，她会在纳税时获得一笔钱。但就算加上这些，家庭收入也就仅仅超过贫困线几千美元。当然，一整年不放假也是不现实的。

因此，即使珍妮弗以时薪 8.75 美元的工资全职工作（比联邦最低工资标准高出整整 1.5 美元），再加上临时住房补贴的"慷慨解囊"，她仍然需要非常努力才能支付她应承担的那部分房租、水电费、食物开销、通勤费用和手机话费，仍然得想方设法让孩子穿上体面的校服、冬衣和靴子，戴上帽子和手套。如果没有住房补贴，她根本负担不起公寓。但补贴到期后似乎没办法延期，所以即使她能找到新工作，她的工资又怎么可能付清全部房租呢？

珍妮弗的情况并不罕见。当前，大约每 4 份工作中就有 1 份工资过低，无法让一个四口之家摆脱贫困。低工资工作主要集中在服务业，[6] 美国大众从从业人员的劳动中直接获益。像从事清洁工作的珍妮弗一样，有些人对于朝九晚五的白领或整日购物消费的有闲群体来说几乎是隐形的。有些人倒是经常与人打交道，负责给人点餐、卖货和卖衣服，或在养老院里照顾老人。对于他们来说，这种工作并不会给自己带来自主权，反而会给身心带来伤害。珍妮弗的清洁工作就是如此。工资低、工作时间不固定、鲜有福利，更谈不上医疗保险、养老保险和带薪休假。[7]

当前的服务业与曾经为工薪阶层提供体面工作的行业相比，未免有些相形见绌。制造业一度解决了全美30%以上的就业，现在提供的岗位不到10%。截至2012年，美国大约有1200万个制造业岗位，比高峰期期（20世纪70年代末）少了700万个。相比之下，零售业约有1500万个工作岗位，娱乐和酒店业有将近1400万个。等珍妮弗的孩子们长大后，低薪就业岗位将会进一步增多。[8]因此，长大后的凯特琳和科尔会发现自己面临着与过去的母亲相同的境况，他们也将思考着如何靠一份低薪、暂时的工作生存。

尽管工作质量不高，珍妮弗和其他日均2美元式穷人依然将自己视为工薪阶层。与美国的大多数贫困儿童一样，凯特琳和科尔在成长过程中目睹了母亲把大部分时间花在工作或找工作上。凯特琳深知为了生活而努力工作的意义，科尔见过母亲那双满是水疱的手。他们从小就知道，工作是养家糊口的最佳方式。对于日均2美元式穷人来说，由于家庭生活的压力巨大，工作甚至能算得上是一种逃避方式。在情况变糟以前，当珍妮弗还在打扫黄金海岸的豪华公寓时，她就很珍惜她的工作，她欣然接受将公寓打扫得一尘不染以迎接下一位住户的挑战。

但珍妮弗对工作的投入并不能让她的家庭免遭贫困的多重考验。珍妮弗干过收银员、厨师、服务员、洗衣工、普通工人和清洁工，她多次被评为"优秀员工"，得到过小幅晋升，偶尔还能拿到些加班奖励。然而，这一切都无法保护她的家人，无法让她和孩子免于流离失所。珍妮弗一家是我们找到的典型的日均2美元式贫困家庭，他们陷入了无尽的贫困循环之中，工资不够用、几乎没有收入。

为什么值得称赞的职业道德无法抵御极端贫困？有人认为原因应该归咎于穷人自己：也许珍妮弗应该坚持干下去，也许她该多涂些乳液来滋润脱皮的手，也许她该坦然接受工作环境引发的病。如果她能干下去的话，或许早就熬出头了。然而，将责任归咎于个人会掩盖一种强大的、不断变化的、正在发挥作用的结构性力量。服务业的雇主们会有意无意地采取某些策略以确保低薪工人的流动性，从而削减雇用稳定劳动力所带来的成本，包括工作时间、福利、升职加薪等方面的保障。事实上，无论低薪工作者们的自身特质如何，这些工作本身就具备"容易失业"的特点。[9]

工人的薪水往往是服务业雇主唯一可控的实际开支。他们无法控制消费者的需求，但通过"适时"的排班，他们可以将劳动力成本尽可能地与需求波动挂钩，确保员工的灵活性。如果工作日晚上的客流量增大，可以将更多工人调到晚班；如果周日顾客较少，可以减少当天上班的员工，或者直接让他们提前回家。

这些做法背后的基本逻辑解释了为什么员工拥有时间弹性是获得并做好服务工作的关键。上班时间常常充满变数，每天或每周可能都不一样。[10] 要在这样的岗位中保障足够多的工作时间，员工必须具备灵活性。这种灵活性往往依赖于东拼西凑的托儿安排。我们后面会看到珍妮弗托一个亲戚来照顾凯特琳和科尔，但事情的发展糟透了。

对员工来说，比不可预测的上班时间更具挑战性的是工作时长的不固定。许多拥有大量廉价劳动力的雇主会采用一种"工作负荷量"（work loading）的做法，即通过非正式的临时解雇来应对需求量的下降。雇主会给员工安排工作，但会减少他们的工作时间，甚至减少至零。[11] 一个每周通常工作32小时的员工可能会发现下周的工作安排只有5小时。甚至当客流量降低时，员工会在上班时被请回家。

这种做法催生了"随叫随到"（on-call）[12] 班次的盛行。近年来，许多服务业雇主开始要求员工在特定时间内即使不工作也要随时待命。员工会被要求每天给公司打电话报道（或直接去公司待命），如果公司需要，他们就得立即开始工作。如果不需要，他们在待命期间也得不到任何补偿。

工作时间的分配成为经理奖励"好"员工和惩罚"坏"员工的方式。例如，如果一名员工因为在家陪孩子或者做其他兼职工作而无法在周末或晚上随时待命，那么他的工时就会被减少。[11]正如珍妮弗，即使她因公患病，请病假也会导致她的工作时长被缩减至先前的零头。

请病假会让工时缩水，工资也跟着缩水。等到来年2月要纳税时，珍妮弗会感受到收入下降带来的"惩罚"——退税比例会降低。税收抵免政策的原则是你工作越多，你从政府那里得到的就越多，直至上限。粗略地说，对于一个有两个孩子的单身母亲而言，随着年收入上升至13500美元（约为全职员工最低年收入标准），福利会增加；收入在13500美元至17500美元时，福利水平保持不变；收入再往上涨，福利就会缓慢下降；当收入达到45000美元时，福利归零。而当收入为零时，福利也为零。

相比之下，补充营养援助项目福利会随着工资的下降而上升。但这一福利政策在受助人工作不稳定时很难发挥出作用。当珍妮弗上班时，她每赚1美元，营养援助福利就会减少约30美分，这对需要养家糊口的人来说可不是什么好事。工资一旦有波动，她就必须向福利部门报告。工时增加了也得报告，即使只是暂时性的增加。不报告的话可能会招致欺诈指控，甚至还要偿还"多余"的福利，严重的话会被终身禁止再次申请福利。当工时降为零时，主管部门可能会需要一个月或更长的时间来调整福利，而她的家人会在此期间挨饿受苦。

离开托管服务公司后，珍妮弗开始重新找工作，一如她在之前 10 个月里求职时的那般坚韧。她已经第三次陷入日均 2 美元式贫困了，但这次她拒绝接受"施舍"，她不再考虑申请福利。她对美好生活的憧憬卑微得让人难以置信：她梦想着找一份时薪 13 美元的全职工作，有固定的上班时间和体面的工作环境。她相信这样的工资水平足以让她在一个治安较好的社区找到一套便宜的公寓，甚至还能负担得起一辆耐用的二手车。时薪 13 美元就是珍妮弗的美国梦。但这样微不足道的愿望显得遥不可及。

2012 年夏天，苏珊·布朗一直在为找工作而烦恼。压力特别大的时候，她会焦虑地摩挲着二手苹果手机。手机是德文送给她的礼物（价值 30 美元），它成了苏珊求职时最重要的硬件资产。在过去的几个月里，由于没有电脑和其他上网途径，苏珊靠着手机的小屏幕在线提交了 50 份求职申请。这些申请带来了一些面试机会，却未能带来一份真正的工作。

"很多事儿都不顺我的意，"苏珊迟疑地笑着说，"我的运气糟透了。"

苏珊是一位 20 岁出头的黑人女性，她在高三时怀孕，毕业前便离开了学校，或许这就是她悲观情绪的源头。苏珊担心流产，每周都要步行去南区看医生。当她和德文第一次去做超声波检查时，她还记得："我从医生的举止中感觉不对劲儿，但医生不肯告诉我。"在去了 3 个诊所寻求答案后，一位医生告诉她孩子有严重的发育缺陷。在怀胎 8 月时，苏珊生下了一个死胎。

苏珊发誓不再怀孕。"我一直说我再也不怀孕了，这太可怕了！"为了提升自我，她进入社区大学，通过了成人高中毕业考试，她的目标是取得幼教专业副学士学位。苏珊之前上的高中教育质量很差，经过一年的补习，她几乎作好了拿到学位的准备。但就在和德文结婚后不久，苏珊又怀孕了。医生开给她的抗生素显然让避孕药失效了，"他们倒是提醒过我必须看看药盒上的说明，但现在谁还会看那些说明啊？"

由于诞下过死胎，苏珊这次怀孕面临着很高的风险。她需要经常去看医生，很难跟上所有课程。她又一次辍学了。但令人欣慰的是孕期平安，宝宝劳伦的情况很好。实际上，宝宝相当好，你很难想象会有比劳伦还机灵、好奇又可爱的小女孩了。她头发浓密，东倒西歪的小辫子被发卡别住，光滑的黑皮肤衬得明亮的大眼睛忽闪忽闪。带女儿去购物或坐公交时，劳伦总会吸引路人的目光。她尽情玩耍、咯咯大笑，拍着双手、十分淘气。和劳伦在一起就像和大明星在一块儿似的。

苏珊会告诉你，现在申请大多数低薪工作的第一步是搞定一个在线网站，这大约需要两小时（用手机的话耗时更长）。以苏珊填写的沃尔玛工作申请为例，在填完几个页面后，你已经提供了姓名、出生日期、社保号码和家庭地址，同意了在招聘期间接受药物测试，愿意在上班的任何时间里接受不定期药物测试，此外你表明了自己的种族和民族，回答了是否申领过临时援助计划、补充营养援助项目或补充保障收入金等问题。显示屏向你保证这些问题的答案不会对录用结果造成影响。

虽然没人在意你的工作技能，但你必须在各个地方表明你的工作价值。申请一开始就会告诉你："在沃尔玛，为顾客服务是我们的首要宗旨。我们必须确保在客流量最大的时候（晚上和周末），沃尔玛训练有素的员工能够提供及时的服务。"同时会对你发出警告，如果"你可以工作的时间与申请职位对应的客流量需求不一致，可能会影响你的录用结果"。网站会进一步要求你列出一周中每天可以工作的时间。自然地，这时你会认为你想用来休息的那些非工作时间会降低被录用的可能性。为了让你更清楚这一点，网站会继续询问你是否能上夜班和周末班。

申请过程中苏珊最讨厌就是"测试"，但几乎所有申请都有测试。即使只是谈及它们，苏珊也会焦虑不安。连续失败让她对自己的答题直觉产生了怀疑。以沃尔玛的测试为例，对于"我经常改变我处理工作的方式"一题，你应该选择"十分不同意"来表明你很可靠，还是选择"十分同意"来表明你愿意接受反馈？对于"当你与主管就如何解决某问题产生不同意见时"的题目，你应该选"你通常和主管讨论问题以达成妥协"，还是选"你会把双方看法结合起来提出一个解决方案"？但正确答案也许是"你会修改自己的意见以满足主管的偏好"。有的问题相对容易。显然，一个聪明的求职者会"认为自己需要根据反馈作出改变"，并且强烈反对"偶尔把工作用品带回家没什么不对"的说法。但有的工作情形比较棘手。当被问及"在处理与他人产生重大分歧时最常用的策略"时，你是选择"努力找到双方都

　　　　　　　　　　　两美元过一天

能接受的妥协方案"？还是选择与同事一起"努力找出新选择"？难道这两者不能兼顾吗？"当你在工作比较无序，物资需求量多于物资供应量时"，你会"重新提出物资分配方法"，还是"设法让每个人都作出牺牲，使物资得以持续供应"？

人力资源经理可能会说，求职者在答题时不应该讲求策略和技巧，要尽可能地如实回答。可是当你每天靠着不到 2 美元的收入生活时，你根本承担不起"不使用策略"的结果。即使你只是尽量"正确"地选择答案，在经历四五十次的求职失败后，你肯定会质疑自己的直觉。苏珊急需帮助，她曾与家人商量求职的事，但常常得到相互矛盾的建议。姨妈说她应该"真实"地回答问题以显示自身性格，祖母则认为正确的答案往往"一点都不真实"，并指出这就是现实情况。关于如何通过这些测试，芝加哥南区有很多蕴含民间智慧的经验交流活动，但其中的不少说法都是相互矛盾的。苏珊不知道该相信谁。每次上网参加测试时她都很紧张，德文干脆提出下次替她参加测试。

尽管对测试十分焦虑，苏珊还是收到了面试邀请。显然测试并不是阻碍她找到工作的唯一原因。事实上，在 2012 年 7 月下旬，她在北边 20 个街区之外的一家二手商店得到了一份兼职工作的面试机会。面试地点路途遥远，但她缺钱只能步行前往。面试当天她提前出发了，在7月的烈日下，苏珊穿着厚厚的黑色涤纶裤和有弹性的白色T恤（这是她最得体的衣服了），按照二手苹果手机的导航艰难前行。终于到目的地了，但她突然发现自己走错了方向，于是又打电话问了路。再次历经20个街区的长途跋涉，她终于抵达面试地点。此时的她已心慌意乱、汗流浃背。面试官很和蔼，称赞她虽然迟到，但还是坚持不懈地赶来面试了。不过一周后她没收到任何回复。后来她看到这个职位重新发布了招聘公告。她再次提交了网上申请，但她已不再抱有任何希望了。

珍妮弗·埃尔南德斯和苏珊·布朗都非常积极地求职，可为什么找工作这么难？也许是因为她们在面试中暴露了悲观和绝望。也许是因为她们根本不知道如何在面试中正确地表现。也许她们的穿着不得体，毕竟她们找不到靠谱的可以洗衣服的地方，更没有钱来买新的、好看的面试服装。也许她们说了不恰当的话，透露了太多个人生活。也许只是在面试时迟到了。苏珊应该提前两个小时而不是一个小时出发去二手商店，因为她应该预料到她会迷路，应该预料到她会在闷热的天气里多走20个街区的路。

苏珊和珍妮弗的求职之路也会因为她们的肤色而越加困难。在 21 世纪初的一项实验里，芝加哥和波士顿的研究人员向数百名雇主邮寄了假简历。他们伪造了名字，这些名字可以让人很容易地辨别出求职者是黑人还是白人。[14] 令人震惊的是，"艾米丽"（Emily）和"布伦丹"（Brendan）收到面试邀约的可能性比"拉莎"（Lakisha）和"贾马尔"（Jamal）高 50%。几年后，威斯康星大学的研究人员在密尔沃基别出心裁地进行了类似研究。他们招募了各方面条件都很相似的两个黑人和两个白人演员（要求他们扮演高中毕业生），让这些"求职者"两人一组，带着类似的假简历去应聘初级职位。其中一组求职者会告诉雇主他们曾被判有重罪，一个月前刚刚出狱。研究人员惊讶地发现，有重罪前科的白人求职者比没有犯罪记录的黑人求职者更有可能得到雇主的积极回应。几年后，这项研究在纽约展开，拉丁裔求职者和白人求职者重演了类似结果。

密尔沃基的研究结果表明，没有前科的白人平均申请 3 份工作就能得到回电，有前科的白人需要申请 6 份。这与非裔美国人形成了鲜明对比：没有前科的黑人需要 7 份，有重罪前科的黑人则需要 20 份。研究人员注意到，在黑人演员扮演角色进行求职的过程中，月复一月的残酷拒绝使得他们十分沮丧和焦虑。[15]

在 2012 年夏天的芝加哥，无论一个人的种族或族裔如何，没有大学文凭都很难找到入门级工作。在经济大衰退的高峰期，全国 25 岁以上大学毕业生的失业率从未超过 5%。相比之下，在经济衰退结束后的 2012 年，最底层的打工者仍然经历着高达两位数的失业率。对于入门工作而言，求职人数往往比工作岗位多得多。同时竞聘沃尔玛某些岗位的可能有数百人，很多人都有高中以上学历。在这种情况下，一个只有普通教育文凭、工作经验欠缺的年轻女性很难被选中。

这些公司是如何大海捞针般地处理这么多求职申请的呢？如果是你，你会怎么做？如果有更好的选择，你为什么要冒险去选择像苏珊或珍妮弗这样的人？沃尔玛、塔吉特（Target）和麦当劳的唯一目标就是盈利。所以，如果潜在的员工队伍当中有不止一个可能因为生病而无法按时上班、因为要照顾患哮喘的孩子而不得不多次缺勤，或者会在上班时偷偷嗑药的人，我们怎么指望他们会好好工作呢？

低薪雇主会关注某些指标以评估求职者是否值得被聘请。从这一点上看，对求职者进行犯罪背景调查似乎是合理的，这是一个快速检验求职者是否值得信任的方法。现实中有专门行业为雇主进行此类调查。正如密尔沃基的研究所表明的，有前科对于求职者来说有极大影响。但一般的犯罪背景调查结果可能会错得离谱。[16] 很多时候雇主仅仅提供求职者的名字，最多再加上其出生年份。有一次，苏珊在面试后询问对方她落选的原因，对方说她的犯罪背景调查里出现了一个得克萨斯州的苏珊·布朗，此人有一系列毒品、盗窃等重罪前科。虽然苏珊从未去过得州，但当有这么多求职者可供选择时，雇主为什么要多此一举去查明真相呢？自从苏珊知道了那个得州的苏珊·布朗，每次面试时她都恳求雇主用她的社保号码进行背景调查，她会提醒对方用名字只能查到臭名昭著的得州苏珊。不过苏珊的恳求又招致了新的不利。由于对犯罪背景调查表现得大惊小怪，许多雇主在考虑她时更加迟疑。而且不幸的是，大多数地区根本不会将当事人的社保号录入法庭记录。所以即使雇主愿意，他们也没法用社保号进行调查。

珍妮弗的求职经历则揭示了日均 2 美元式穷人所面临的另一障碍。珍妮弗在求职期间住过 3 个不同的收容所，拉卡萨收容所是第三个。她一开始就必须解决未来的雇主如何与她取得联系的问题。她确实有一个"即付即用"手机，是她上次发工资时买的，但她常常没钱充话费。手机成了孩子们的玩具，他们坐公交、看免费牙医、排队领书包时都会玩手机里的免费游戏。

所以珍妮弗不能在简历上填自己的电话号码，只能填收容所的总机号。如果雇主想联系珍妮弗，只能给收容所打电话。但当收容所前台接起电话，问候道："这里是拉卡萨收容所，请问有什么可以帮助您？"时，珍妮弗的身份——一个住在收容所的流浪汉，一个生活在混乱之中的失败者——便会暴露无遗。即使珍妮弗真的有点本事，但她肯定不是雇主想立刻雇用的那种人才。

听到前台的问候，一个有几十个求职者可供选择、相当忙碌的雇主大概率会立即挂断电话。但假设这位雇主在珍妮弗的简历中看到了某些特别之处，愿意多等一会儿与她谈谈，那么他将面临漫长的等待。收容所的工作人员会在住宿区四处奔走，首先敲敲珍妮弗的房门，然后跑去看看地下室的电脑房。最可能的结果是根本找不着珍妮弗，因为她正在街上到处投简历。工作人员不得不向这位耐心十足的雇主道歉，并写下留言贴在珍妮弗的房门上。

几个小时后，珍妮弗在房门上看到那张纸条。她跑去排队等着使用那部收容所里唯一可用的电话。这时，即使是最有诚意的雇主也已经去面试下一个人了——一个能自己接电话的求职者，一个不住在流浪汉收容所里的求职者。

到 2012 年 7 月，苏珊和德文已经开始绝望了。这是他们陷入日均 2 美元式贫困的第六个月。这家人几个月前就失去了公寓，搬进了家里的老房子。房主是苏珊的曾祖母，房里住着苏珊的祖母和她体弱多病的丈夫，以及一个在后院修车的酒鬼叔叔。这座建于 1920 年的木房子有一层半高、摇摇欲坠。7 月底，德文终于在附近的杂货店找到了工作，时薪 8.5 美元，每周工作 30 个小时，按周付酬。他美滋滋地想着一周后就能带着大约 250 美元的工资回家。当被问到怎么使用这笔钱时，夫妇俩异口同声地说："付账单！"虽然第一笔工资对于堆积如山的债务来说只是杯水车薪，但有钱显然比没有好。提及心目中的美好生活时，与珍妮弗一样，苏珊和德文憧憬着一份时薪 12 美元的好工作，每周至少可以干 30 个小时。他们相信这样就能"走上正确的道路"、实现美国梦。

即使有了新工作，德文仍然无法把三口之家的生活水平提至贫困线以上。每赚 1 美元，这个家庭的补充营养援助福利就会损失约 30 美分。这份工作不提供医疗保险，他们仍旧买不起房子。德文甚至用不起手机，他一直在用苏珊的手机。尽管有了新工作，但挣扎仍然是他们每天的必修课。

虽然班次不固定、工资很低、工作环境很差，但一旦日均2美元式穷人找到工作，每天按部就班地上班就成了他们混乱生活中最强大的稳定力量。稳定的工作带来的并不仅仅是收入。以克利夫兰畜牧场社区的蕾·麦考密克为例。蕾皮肤白皙，一头棕发，身材瘦小。蕾觉得除了跟两岁的女儿阿扎拉一起度过的亲子时光，在沃尔玛上班的9个小时就是她一天中最美好的时光。在工作之外的生活里，蕾从一场危机卷入另一场危机。但在工作中，她至少能掌控自己的收银台，栖息于躲避风暴的避风港。

24岁的蕾住过的地方加起来比"24"还多。目前，她和叔叔乔治、阿姨卡米拉住在一起。他们并无血缘关系，乔治是她父亲的老朋友，虽然他以往的行径表明此人并不值得信赖，但蕾对他总是很宽容，因为他能做到蕾不能做的事——给阿扎拉讲祖父的故事。蕾崇敬父亲，视其为榜样，父亲在蕾11岁时死于脑肿瘤。在很多个夜晚里，蕾都会给父亲写信，开头通常是这样的："亲爱的爸爸，我好想你！这里的状况很糟……"

每天，在抵达俄亥俄州帕尔马郊区的沃尔玛超市后，蕾会径直走向储物柜放好钱包，里面装着哮喘呼吸器和治疗甲状腺病、抑郁症和焦虑症的药物。别上名牌，整理好衬衫，穿好印有沃尔玛商标的蓝色背心，蕾走向门口开始工作。她上白班，通常都能提前到岗，抢占到她最喜欢的那个收银台。仅仅几个月后，蕾就成了超市里干活儿速度最快的收银员，因为她迅速记住了几十种热销农产品的四位数条码。如果不清楚这些条码，收银时就必须停下手头的活儿去查，而蕾仅凭记忆就可以全部输入。她干活速度如此之快，以至于在头 6 个月里，她已经两次被评为"月度最佳收银员"。

老板鼓励收银员以露齿微笑迎接顾客，但蕾从不那样做，她嘴角上扬、嘴唇紧闭。这种微笑掩盖了 24 岁的蕾欠缺的另一样重要东西——牙齿。父亲去世后，母亲将她遗弃在破败的畜牧场社区，自己跑去了田纳西州追求爱情。母亲离开后，蕾无法得到任何牙科护理。阿扎拉出生时，蕾的所有牙齿都已腐烂，不得不拔掉。她自己取出了缝合线，靠着医疗补助计划得到了一副不合适的假牙。假牙严重磨损着牙龈，她大部分时间都不戴。她一笑就用手捂住嘴，努力通过眼睛来表达感受。

对数字的敏锐度让蕾感到自豪。她的记忆策略是将热销农产品及其条码列成清单。晚上下班回家后，她会边念条码边录入手机录音软件，并在睡觉时整晚播放。"我的潜意识完成了这项工作！"她自豪地说。经理鼓励她参加客服代表岗位考试，这考试要求员工记住每件商品的代码。她考虑过参加，但又担心会面对更多挑战。再说，这个岗位的薪资每小时也就多75美分。

尽管住处附近就有一家沃尔玛，但蕾还是去了郊区的帕尔马店，因为她觉得那里的人懂得尊重、彬彬有礼。她想跟这样的人打交道，治治自己爱发脾气的臭毛病。在蕾的人生中，她被家长反复遗弃，经常暴露在不安之下，她的内心深处潜伏着愤怒。即使在相对"和平"的帕尔马店，蕾也会因为琐事的刺激而突然发火。她多次被顾客逼到情绪的绝境。

最近蕾就经历了这样的"倒霉日"。当时她在自助结账通道值班，这是店里最不受欢迎的岗位，因为"那些机器根本不好用，他们应该把机器都拆了，多雇些收银员"。像往常一样，由于机器故障、操作失误或两者兼具的原因，收银机的界面总是崩溃。这时来了一个坐着轮椅的老人，他拿着一袋精挑细选的刚出炉的散装甜甜圈。老人不会扫描商品，也够不到收银机上的键盘。蕾见状上前帮忙，耐心地输着每个甜甜圈的条码，这对最麻利的收银员来说也是一个缓慢的过程。老人勃然大怒，斥责蕾的动作怎么这么慢。"对不起先生！如果你买的是盒装甜甜圈，就不会出现这种情况了。这不是我的错！"蕾气得发抖，经理走了过来。从规定上讲，她本可以当场就被解雇的，但经理没有追究。事后蕾感叹于自己的运气，不禁为自己的行为感到后怕。"真不敢相信，我居然差点为了甜甜圈骂了一个轮椅上的老人！这太不理智了，这恰能说明我们是如何被顾客的行为牵着走的。"

对工作的付出让蕾引以为傲。她有一个上夜班的机会，每小时能多赚 1 美元，但她拒绝了，把机会让给了另一个同事。蕾觉得晚上 11 点到早上 7 点之间没什么工作可做，"我宁可忙忙碌碌的，我喜欢不停干活儿"。店里其他收银员都知道，如果需要找人帮忙代班，找蕾准没错。蕾必须依靠乔治和卡米拉来照看阿扎拉，即使只需要把阿扎拉放在电视机前。只要有可能，蕾就会多加早班、晚班（下午 3 点到晚上 11 点）或周末班。"好的，让我来吧！"几乎成了她的口头禅，或许这也是她应对混乱生活的一种途径。

一天早上，蕾爬上乔治的皮卡车，刚一转动钥匙，油表灯就亮了。她刚刚用全部工资付了房租、买了杂货和尿布，还给了乔治 50 块钱油费，换取她开着皮卡车上下班的权利。但上个周末，乔治和卡米拉把所有汽油都用来跑腿了。她冲回家里与夫妇俩对质，两人声称已经身无分文了，没钱加油。蕾惊慌失措地给经理打电话解释混乱的情况，并坦诚在下一个发薪日之前的两个星期里她一分钱也没有了。她想问问有同事能让她搭个便车吗？或者超市能否给这位优秀收银员提供一笔短期资助呢？经理回应道，如果她没办法按时上班，她就不必再来了。

蕾经历过大风大浪，但这仍是她生命中最糟糕的时刻。"我失控了……我不喜欢冲突，不想争吵。但当你害我丢了工作，还不退还我油钱的时候，我真的要疯了。我叔叔坐在那里，指责我自私，说我不关心其他人，说我丢了工作是自己的错，所有这一切都是我的错。那时我就受够了！没办法再这样下去了，我爱你们，但是，去你妈的！"

在随后的几个月里，蕾和阿扎拉仅靠着食品券维生，还有"奶奶"时不时塞给她们的尿布钱和香烟钱。"奶奶"是蕾的朋友，在愤然离开乔治和卡米拉后，母女俩曾与"奶奶"同住了一段时间。"我一直在投简历、找工作，我不喜欢蹲在家里。我习惯了上班然后回家照顾我的女儿，和她一起睡觉、一起醒来，然后重复这种生活。老实说，我对生活的要求就是在经济上有所保障，有一个不错的工作和住处，不用老是发愁。这就是我的目标。我给自己的压力够大了，总是担心自己不会做这个、不会做那个。我总是担心会出错，想着要提前作好准备，以防万一。"

本书出场的日均 2 美元式穷人有几个共同特点：他们都有各自的厄运、走了不少弯路，他们的人生总有些缺陷（例如哮喘，或者与某个声名狼藉的前科犯同名同姓），他们的亲戚总会把他们拖下水，但也经常给予一些鼓励。个人的缺陷必然又会渗透到工作当中，这在所难免。

低薪劳动力市场极其无情。从两届"优秀收银员"到被解雇，蕾只用了几分钟的时间。在芝加哥的寒冬中，珍妮弗在没有暖气的法拍房里跪着擦洗地板，直到她和孩子们进了医院。回报她的则是因病缺勤、工作时长被减少了一半。失业后，下一份工作来得会更加曲折，珍妮弗、苏珊和蕾都深有体会。在数月甚至数年的时间里，这 3 位女士已经用手机和地下室的电脑投递了几百份简历。

1996 年的福利改革将数百万低收入的单身母亲推入了劳动力市场，但却没有改善低薪职业的工作条件。如果真要探讨政策带来的变化，那么经济理论（以及一些常识）可能会支持以下结论：20 世纪 90 年代中期以来，通过将身无技能的单身母亲推向劳动力市场、福利改革和扩充税收抵免政策，美国低薪工作的质量进一步降低。[17] 随着单身母亲以前所未有的速度加入劳动力大军，低薪雇主的人力资源库大大扩充了。当同一岗位的竞争者增多时，工资便会降至应有的水平之下，同时雇主也会对员工提出更高的要求。

低薪雇主似乎都想要员工无限的付出和全天候的奉献，却吝于给出回报。只有当求职者源源不断地涌来时，雇主才敢要求员工随叫随到、随时待命，而且不保证工作时间。"工作负荷""随叫随到"是服务业雇主的常用手段，尤其是在售卖廉价商品的零售连锁店。面对这种竞相压低成本的局面，那些真正为员工着想的雇主很难在竞争中立足。最近的研究发现，当一家沃尔玛超市在社区开业时，该社区的工作岗位数量会出现整体性下降，因为其他商店（那些薪资更高或能提供固定工时的商店）无法与沃尔玛竞争。[18] 这就是蕾之前在凯马特（Kmart）超市的工作经历。当时有一家新沃尔玛超市在附近开业，随后凯马特就停业了。热爱凯马特工作的蕾别无选择（凯马特给了她工作经验，却没能提供全职的工作时间和福利），只能加入帕尔玛的沃尔玛超市重新开始。

芝加哥托管服务公司并不是什么连锁企业，它只是一家小型家族企业，但它也无法逃脱相同的命运。银行一般会与大型专业公司签订合同来维护抵押房产，比如安守地产（Safeguard Properties），他们负责确定房子状态，并在转售前对其进行维护。大公司通常会以极其低

两美元过一天

廉的价格将维护工作分包给芝加哥托管服务公司这样的小企业。大公司往往难以兑现业务承诺。例如，2013年秋天，安守地产因驱逐合法占有房产的房主等非法行为被伊利诺伊州等地起诉。[19]珍妮弗处于这个系统的最底层，而她的雇主在"食物链"中的地位也不高。

美国的许多社区都陷入了"糟糕工作"的恶性循环之中，这些工作不仅难以满足家庭的基本需求，也无法把穷人拉出极贫陷阱。为了消除日均2美元式贫困，或者至少扭转其上升趋势，低薪劳动力市场必须作出改变。改变的第一步是要回应这样一个很有价值的问题：那些试图靠低薪工作养家糊口的人，他们想从这种工作中得到什么？

作为家长，珍妮弗、苏珊和蕾的愿望相当简单。全职的工作时间排第一位，但这种"奖赏"很难从低薪雇主那里获得，雇主们往往会竭力避开与全职工作相关的额外成本，比如医疗保险和带薪休假。排第二位的是固定的、有规律的工作时间，这样她们才能稳妥地解决托儿问题。如果能拥有一份仅满足上述两点的工作，她们就相当满意了。苏珊认为，找到一份这样的工作是她的梦想，而不是目标。

像她们一样，多数家长都怀有期待。对他们来说，如果每小时能赚十二三美元，他们就能过上好日子；如果能赚 15 美元，那简直是天方夜谭了！安全的工作环境和允许请病假或事假则是锦上添花，其他的"额外福利"，像医疗保险、带薪假期和养老保险，显然只是全职工作的常规待遇，很少能从日均 2 美元式穷人的口中听到，这些福利在低薪工作中也极为罕见，似乎根本不属于现实世界。

第三章

一 间 只 属 于 自 己 的 房 间

　　在进入托管服务公司前，珍妮弗一家曾在芝加哥西南区与亲戚同住过一段时间。那里有保存完好的平房和农场，许多房子采用了 20 世纪 50 年代的设计，有的还带有独特的中世纪风格，比如在门廊巧妙地竖起遮阳篷。那里的犯罪率低、物价合理（就芝加哥而言）、生活宁静。这个由教师、警察和公务员组成的社区隐藏在公众的视线之外。

　　这个社区恰好适合珍妮弗。她说起话来总是轻声细语、语调平和。她的外表可能会有些邋遢，但她一定会确保孩子们穿着整洁。在孩子们的衣着方面珍妮弗可以说是煞费苦心，如同这个社区的业主们对自家深绿色的草坪一般执着。

珍妮弗一家拥有一套一居室住处。房子是珍妮弗的姨妈伊莎贝尔的双层小楼，一楼的后半部分被分割出来成了他们的住所。伊莎贝尔住在二楼，她的女儿安德里亚及男友卡洛斯住在地下室和一楼前半部分。住在这里还是能保证些许隐私权的（尽管安德里亚随时会不打招呼地闯进来），对珍妮弗来说，这个住处很不错："有很大的房间，属于我们的空间也够多。"孩子们睡在卧室里，珍妮弗睡在客厅的沙发上。靠她一个人是不可能让孩子住上这种房子的。事实上，从2008年到2013年，他们一家从未脱离援助独立生活过。要么与亲戚同住，要么住在收容所里。

目前，低收入家庭的住房开销已经达到了危机点，远远超出其收入所能承受的能力。美国住房和城市发展部认为，将收入的30%及以上用于住房开支的家庭会面临"成本负担"，同时他们可能会在吃、穿和其他基本生活支出上捉襟见肘。[1] 根据官方数据，在全美范围内，对于全家仅有一人领取最低全职工资的家庭来说，无法在不承担成本负担的同时租下一套两居室公寓。当珍妮弗住进伊莎贝尔家时，在当地租一套单间公寓也需要她拿出一半多的薪水。但对于伊莎贝尔来说，珍妮弗一家所住的隔断房无法合法地出租给他人（因为没有独立入口），更何况伊莎贝尔也不想和外人同住，所以她愿意低价租给珍妮弗。

珍妮弗明白自己的选择有限，所以她心怀感恩，庆幸孩子们能住在一个安全、舒适的环境中。她当然也很感激孩子们可以在一所像样的社区学校里就读，她自己在安德里亚的帮助下在市中心的一家高档水疗中心找到了工作。

但到了晚上，事情就会偏离轨道。安德里亚的男朋友卡洛斯是个"醉醺醺的工作狂"，珍妮弗回忆说："他上班、回家，基本上整晚都在喝酒……清醒之后又去上班，然后回到家接着喝。"安德里亚也有酗酒的恶习。珍妮弗哄孩子上床睡觉的时间常常也是这对夫妇开始互相谩骂的时间，争吵有时会持续到深夜，"他们会在屋子里追着打，一直追到街上"。

要是打到了前园的草坪上，警察就会出现。"两人都被逮捕了，邻居叫了警察。他们在警察面前互相告状。"红色的警灯在孩子们的卧室窗外闪烁，警察们试图厘清头绪。凯特琳已经患上了焦虑症，直到事态平息后很久才能入睡，科尔也开始做噩梦。

起初，工作为珍妮弗提供了白天的喘息机会。卡特琳娜水疗沙龙是当地提供美容、美发、美甲、按摩等服务的高档场所。珍妮弗最初每周工作30到35个小时，时薪9.25美元。刚入职时，珍妮弗和安德里亚都在"幕后"工作——清洗、晾晒毛巾和浴袍，折叠规整，及时补充水疗用品和拖地。总的来说，珍妮弗还算喜欢这份工作："这儿的工作环境非常有意思，不是枯燥乏味的那种。我喜欢去上班，也喜欢我的同事。这个经历很棒！"

后来，安德里亚遭遇了一场严重的车祸，两辆车当场撞毁，她多根肋骨骨折，丧失了劳动能力。但对珍妮弗来说这并不全是坏消息——至少安德里亚不会在深夜朝着卡洛斯凶狠地扔东西了。珍妮弗的工作随之发生了巨大变化。依照相关法律，在安德里亚康复期间，水疗中心必须保留她的职位。为了体现自己的付出精神，珍妮弗同意在接下来的一两周里两班倒，直到经理找到其他人来接替安德里亚的工作。珍妮弗想着自己还有钱可以用，即使公司不给她发加班费也没关系，这只是暂时的。

这样的工作节奏从2周变成了3周，3周变成了4周，4周变成了6周。自那之后，珍妮弗一直承担着两个人的工作量。她让安德里亚帮忙照看孩子，自己每天花3个小时在通勤上，每周都要在外奔波将近90个小时。这种工作强度不仅让珍妮弗疲惫不堪，还给凯特琳和科尔造成了影响。"凯特琳开始有意见，开始生我的气。科尔也在学校惹麻烦，在课堂上调皮捣蛋。我让他们谈谈这是怎么回事，结果孩子们却抱怨我从不在家，总是不在……"

孩子们的状态让珍妮弗越发警惕。但卡特琳娜对珍妮弗的班次越来越满意。他们认为没有理由再雇另一个人来顶安德里亚的班了，因为珍妮弗做得很好。最后，珍妮弗的经理直接坦诚他们没钱再另请他人。一向寡言的珍妮弗在那一刻难掩心中的愤慨："真的吗？你们的服务价格那么高，还雇不起其他人来帮我几个小时？"珍妮弗清楚，以安德里亚的身体状况，即使她能复工也需要很久。因此她将在很长一段时间内背负沉重的负担。但已经没有任何商量余地了，珍妮弗接到了最后通牒：在安德里亚复工前，她得继续干两个人的活儿，每周70个小时（加上通勤是90个小时），否则她就得另谋出路。

"我很自豪，我热爱工作也很负责。但我想要的只是一点支援啊，你知道吧，人都要被压垮了……艰难、繁重、辛苦，太多活儿了。"珍妮弗清楚，如果辞职的话，她需要时间才能找到下一份工作。在此期间，她可能连房租都付不起。即使还能继续与姨妈同住，但这种生活很快就会让她和孩子们崩溃。

珍妮弗一家需要的是一处属于他们自己的地方，但珍妮弗根本负担不起。她也没钱请人帮忙叫孩子们起床、给他们穿衣服准备上学，并在自己晚上下班前一直陪着他们。她需要表妹和姨妈帮自己照看小孩，就像她需要这个一居室的屋顶一样。

和珍妮弗一样面临困境的家庭通常都知道，他们只有一个选择：不断寻找下一张沙发、下一个空余床位、下一位愿意收留他们的亲戚，而且要价不要太高。珍妮弗是独生女，她从来没见过父亲，母亲几年前就去世了，家里没有其他人能让她依靠。但除了伊莎贝尔，珍妮弗还有一些叔叔阿姨，他们生活在她从小长大的得州中部城市阿比林。珍妮弗四处打听，得知一位阿姨的孩子已经长大独立生活了，阿姨有两间空余卧室可以腾出来。多亏珍妮弗一人干俩人的活儿，她攒了点钱，买了3张从芝加哥到阿比林的长途车票。有了阿姨的雪中送炭，珍妮弗向卡特琳娜提交了辞职信，写道："我不能再这样工作下去了。"

珍妮弗一家于3月份抵达阿比林。两天的长途车程几乎跨越了全国，很少会有人享受这段旅程。车上的噪声没完没了，狭窄的硬座一点也不舒服，厕所的臭味令人作呕。厕所里的厕纸第一天就用完了，没人愿意进去。

在旅途中，9岁的凯特琳一刻也安静不下来。她不停地玩弄着椅背上的折叠桌，幸运的是，她总有办法不招人烦。她肆无忌惮地玩闹着，周边的乘客丝毫未被激怒。厚厚的镜片、齐耳短发、永恒的活力和极具感染力的笑容，这一切都让凯特琳的魅力无法抵挡。正如珍妮弗所说的："凯特琳是一个非常招人爱的小女孩，大家总是会被她吸引。"这些年来，凯特琳的魔力让他们一家不止一次地摆脱困境。一个课外活动班的负责人非常喜欢她，当珍妮弗囊中羞涩时，这位负责人让两个孩子免费参加活动，她甚至还给凯特琳买了一辆崭新的滑板车。

6岁的科尔有着光滑的棕色皮肤和敏锐的大眼睛，他比姐姐要矜持得多，但同样引人注目。两个孩子通常能和平共处，但科尔会不时地发脾气，对凯特琳吸引了所有的注意力而感到不满。有一天，凯特琳在街上玩她的新滑板车，忌妒之火冲破了科尔的极限。他使劲推了她一把，凯特琳摔得手腕骨折。但在开往得州的大巴上，他比姐姐更招人喜欢，因为他可以在珍妮弗的手机游戏里沉迷几个小时。

抵达阿比林后，他们来到了阿姨家。珍妮弗记得"开始时一切都很顺利……那是个美丽的小镇，很不错。

我的意思是没什么暴力事件"。房子也有足够的空间能容纳他们。另一位叔叔和他的妻子就住在这条街的另一头，珍妮弗不禁回忆起儿时亲密无间的社区。

珍妮弗很高兴能把芝加哥姨妈家的闹剧抛在身后，但她很快发现，与得州的亲戚同住也面临着一系列挑战。她的一些表亲正在坐牢或服缓刑，另一些染上了毒瘾。(珍妮弗有时开玩笑说自己就像家里的不肖子孙，因为从没蹲过监狱。)几乎没有人拥有稳定的人际关系和工作。尽管如此，他们还算是一个关系密切的大家庭。"我们一起长大，我爱我的家人。我的阿姨和叔叔总是在我身边，我如果需要什么、遇上什么问题，也总能和他们聊聊。我经常住在别人家，表妹家、她的家、他的家……我没有亲兄弟姐妹，我是独生女，所以我的表亲就是我最亲的人。"

但不管怎么努力，珍妮弗好像就是干不下去，"我找不到稳定的活儿。我能工作，但工作总是很不稳定，在这儿干一个月，再去那儿干一个月……这太难了，尤其是在我的家乡，没有交通工具几乎举步维艰"。多年来，她一直被反复发作的抑郁症困扰着。"我没找过任何心理医生，我不知道该怎么办。"但珍妮弗发现，治疗抑郁症的最好良药就是工作。"上班的时候，就像我说的，工作好像在治愈我。它赋予我一种使命感。"没有工作的时候，珍妮弗常常觉得自己身处黑暗之中。

几个月过去了，珍妮弗一直在拼命找工作并帮助孩子们适应新环境，但家里的气氛逐渐变得紧张。阿姨责怪珍妮弗没有更努力地去找一份稳定的工作，也没有分担家庭开支。叔叔乔斯的家就在街那头，当他提出让珍妮弗一家搬去他家的时候，珍妮弗心动了。她知道乔斯酗酒，但她还是很尊重这位叔叔。乔斯是当地一家乡村俱乐部的管理员，他知道如何保住一份稳定的、高薪的、有责任感的工作。除了酗酒，也许乔斯可以作为科尔崇拜的榜样。

在不到一年的时间里，珍妮弗一家再次收拾好行李前往他们的第三个家，幸运的是这次就在附近。凯特琳和科尔不需要转学，而且他们仍然很安全，周围住的都是家人。虽然家人们有很多缺点，但珍妮弗认为他们对孩子还是很友善的。珍妮弗在搬家时感到恐慌，她不知道一份真正的工作到底什么时候才能有着落。她快走投无路了，她的家人一直在支持她，但还能支持多久呢？

接下来发生的事情让珍妮弗开始怀念卡特琳娜的12小时工作制，怀念安德里亚和卡洛斯的彻夜对骂。"我从没想过会发生这种事！他是个50多岁的成年人了，他能照顾自己、拥有稳定工作，他在乡村俱乐部干了20多年……"当谈及这件事时，珍妮弗的声音比平时更缓和，语速也更慢了，她根本不想谈起这些。

"他猥亵了凯特琳。"有一天，珍妮弗在卧室里撞见了，"我当场就逮住了他！他光着下身站在凯特琳旁边，醉得很厉害"。珍妮弗本来出去小事了，乔斯明知道她随时可能会回来。"我当时抓住了我女儿的手，"她记得自己趁乔斯踉跄后退时把凯特琳拽走了，"我在屋子里飞奔着找到科尔，抓住他的后衣领，拽着孩子们跑进卧室反锁了房门。"

珍妮弗在卧室里蜷缩了好几个小时，她惊慌失措、茫然若失，紧紧地抱着孩子们，不知道接下来该怎么办。最后，她把能穿的衣服都塞进一个大袋子，带着孩子们穿过前门跑到街上，把大部分家当都留在了乔斯家。他们惊魂未定地来到当地"救世军"组织（Salvation Army）的门口。

珍妮弗记得工作人员告诉她"他们一般只接纳戒毒人员，而且是个人——单身的女性或男性。但他们这次可以破例，因为凯特琳和科尔太小了，他们只是个孩子"。然而这里只提供公共宿舍，考虑到当时的情况，他们根本没法住。他们仁需要一个私密些的能睡觉的地方，需要一扇晚上能上锁的门。所以工作人员"把一间

两美元过一天

办公室改造成了我们的卧室……我真的很感谢他们，真的帮了我们很大的忙，我当时几乎走投无路了！"

当珍妮弗决定公开乔斯的行为并提出指控时，她以为阿姨们会伸出援助之手。结果，只有远在芝加哥的伊莎贝尔表示了支持，尽管当时她已经把一楼卧室租给了其他人。得州的亲戚居然还指责她破坏家庭。"即使到现在，家里还是一半人讨厌我、一半人支持我。"但珍妮弗坚信自己的做法是对的，"为了我女儿，我必须那么做。否则将来某个时候她会怪罪我，那是我无法忍受的。我需要她相信为了她我可以竭尽所能"。

"居无定所"是日均 2 美元式穷人生活的一大特点，他们的孩子在一年中搬家的概率比其他小孩大得多。[2] 艰辛的借住生活在很大程度上加剧了这种不稳定性，加速了那些饱受不稳定工作煎熬的群体沦为极贫行列。本书中出现的每一个家庭都会在某个时期借住在亲戚或朋友家，因为他们的收入根本不足以负担自己的住所。与熟人同住虽然有时能带来力量和鼓舞，但对于社会中最脆弱的群体而言，同住也可能是有毒的，会招致性侵、身体虐待或言语侮辱。这种虐待造成的创伤有时会成为一个家庭陷入日均 2 美元式贫困的诱因，变成让他们长期处于这种状态的灾难。

经济大衰退期间的次贷危机让人刻骨铭心。危机之下，全国数百万房屋空置荒废、日益破损。一方面，房价暴跌、抵押贷款获批难度增大，有能力的购房者越来越少。另一方面，因次贷危机失去住所的人又急需新住所。结果，那些原本在另一个时代能拥有住房的人全都涌入了租赁市场。随着租房者不断增加，穷人开始受到日益上涨的租金的挤压，甚至直接被租赁市场淘汰出局，被迫借住或成为"沙发客"。

如果将大量穷人找不到稳定住所的原因完全归咎于大衰退时期的房地产崩盘，这并不正确。这种认知可能会得出如下结论，即这只是一个暂时性问题，终会得到解决。而事实上，经济适用房（affordable housing）供应的严重问题已经持续了十多年。2001 年，63% 的极低收入家庭将一半以上的收入用于住房，留给其他必需品的收入少之又少。2011 年，这一数字已接近 70%。³

是什么导致了住房成本的持续上升？从长远来看，推动这一趋势的原因之一是美国住房质量的全面改善。60 年前，低端住宅往往缺乏室内管道等基本设施。但现在，这些设施已经成为房屋的标准配置，最便宜的出租屋也不例外。这对社会来说是一个巨大的进步，但这也意味着低成本住房越发难以负担。⁴

此外，像珍妮弗一家这样的家庭现在要遵守的规定

　　　　　　　　　　　两美元过一天

也与以往不同了。在芝加哥及全国几乎所有的司法管辖区内，儿童福利部门的官员一致认为，兄弟姐妹达到一定年龄后再睡同一间卧室就不合适了。在某些情形下，如果政府发现凯特琳和科尔仍合住一个房间，珍妮弗将面临因"疏忽"而失去监护权的风险。所以按照如今的儿童福利标准，珍妮弗不能通过租住单间公寓来平衡家庭预算。

经济适用房危机最明显的表现就是租金上涨。从1990年到2013年，全美几乎每个地区，包括城市、郊区和农村的租金都在增长，并且增长速度快于通货膨胀。但还有一个比房租上涨更重要的因素在起作用——租房者收入的下降。2000年至2012年，租金上涨了6%，但美国中等水平租房者的实际收入下降了13%。[5] 曾经的裂痕如今已经变成无法弥合的鸿沟。

目前，供求关系的变化让危机越加严峻。自经济大衰退以来，极低收入的租房者数量急剧增加了250万人，而经济适用房的供应量却保持着平稳。在这些价格低廉的房子中，有1/3被高收入租客占据。2011年，每100名极低收入租客只能租到36套租金合理的房子。大多数经济适用房都比较旧，通常有50年或更久，再加上维护成本高昂，投资风险更高。因此，它们最有可能被视为"不合格"的住房。[6]

罪魁祸首是剥削租客的房东吗？龌龊的勾当显然随处可见。《克利夫兰诚报》的菲利普·莫里斯曾详细报道过一对臭名昭著的房东采用的诡计。这对精力充沛的二人组合伙演绎了所谓的"软驱逐"之术——这是一种拙劣的委婉说法，美化了对拖欠房租的租户进行惩罚的粗暴手段。他们会拆除外门、卸除电表切断供电，甚至将粪便涂在出租房的断路器面板上。据《克利夫兰诚报》报道，一名房客回到家时发现门锁被房东夫妇更换了。当她终于设法进门后，发现鞋子、全家福照片、孩子们从学校带回家的珍贵诗歌集和图画都被偷走了。[7]

然而，即使是很讲道义的房东也很难为一个低薪家庭提供一套经济适用房。2013 年至 2014 年，123 名面向低薪租户出租房子的房东接受了一项采访。[8]许多房东声称为了尽可能地赚取利润，他们必须在价格降至洼地时用现金或政策优惠的抵押贷款购入房产（例如购买年久失修或位于低收入社区的公寓），并尽可能地压低维护成本。

一位房东说，他利用这一技巧在克利夫兰较贫穷的东区以极低的成本（一般为 8000 至 10000 美元）买了一处独户住宅。他将随后的维修费用控制到最低（他的省钱方法是将硬木地板漆成棕色，将墙壁、装饰物和天花板漆成统一的白色）。如果维护成本过高，他就会直接抛售，转而再买一套。通过这些策略，他维持着房租水平。到目前为止，这位业主已经在克利夫兰水深火热的东区购买了 50 多套住房，抛售了十几套。如果这种做法普遍存在，克利夫兰的经济适用房资源很可能会被这些业主"生吞活剥"。一对夫妇在西区拥有十几套租金较低的房产，但他们声称租金几乎无法保持自家的收支平衡。由于房客们经常旷工、失业或分手，一家人往往只剩一个人能挣钱，而租金一般需要两个人的收入，因此这对房东往往只能收到一半的全额租金。当被问及如何才能改变现状时，房东妻子回答说："提高最低工资！"

通过公共住房开发项目（public housing developments）和住房选择优惠券计划（housing choice voucher program，俗称"第 8 章"计划），住房和城市发展部试图减轻低收入家庭面临的高住房成本负担。虽然这些政策远非完美，但社会科学研究的黄金标准随机对照试验提供的确凿证据表明，它们的确大大降低了住房的不稳定性。[9]特别是第 8 章计划发放的优惠券，可以降低一个家庭无家可归的概率，避免让一家老小四处借住或流落街头。该政策也让"挤居"的家庭比例减半，极大地减少了一个家庭在 5 年内的平均搬家次数。

但在住房成本上涨、工资水平停滞不前的同时，政府住房计划的规模却没跟上步伐。住房投资减少的趋势在 20 世纪 80 年代里根政府时期就开始了。[10] 此外，政府在过去几十年里的住房政策重点在于拆除破旧的高层公共住房（public houseing），取而代之以小规模、高质量的混合收入住房项目（mixed-income developments）。*虽然这能改善居民的生活条件，但这一政策实际上减少了经济适用房的数量，而不是使之增加。如今，在住房支出方面需要帮助的人远远多于获得了帮助的人。只有大约 1/4 的符合条件家庭得到了某种形式的租房补贴。较之 20 年前，现在从政府获得租金补助的人更少了，且不论 20 年前的租房需求远不如现在这么大。

在很多地方，领取住房补贴的排队名单都长得惊人。[11] 2012 年夏天，当莫多娜和布里安娜在芝加哥的一个又一个收容所来回奔波时，该市的第 8 章优惠券计划，或者说公共住房的排队名单上已经排了 85000 个家庭。更糟糕的是申请已经截止了，即使莫多娜有想法，她也拿不到第 85001 号。这就解释了为什么珍妮弗在获得拉卡萨收容所提供的房租补贴前，尽管她曾 3 次陷入日均 2 美元式贫困，她也从未获得过任何住房补贴。与

---

* 公共住房，即为低收入者修建的住房；混合收入住房，即不同收入层次的人们居住在一起的住宅楼或社区。

纽约市相比，芝加哥的名单还算短的。截至 2013 年 3 月，纽约约有 268000 个家庭在排队申请优惠券或公共住房政策。在美国，获得住房援助不是一种权利，一个家庭不能仅凭收入低就获得法律保障的援助。对大多数地方的大多数人而言，租金补贴并不是一种在紧急情况下可以轻而易举申请到的福利，相反，应该把它视作用多年等待才能换来的宝贝。对于成功申请的人来说，他们将获得巨大的利益。有幸拿到补贴的人不愿意再放弃它们，当然这也不足为奇。

全国各地的住房市场存在差异。芝加哥的租金相对较高，克利夫兰的租金相对便宜，田纳西州东部和密西西比河三角洲农村地区的租金较低，虽然那里的大部分廉价租房都是破旧的拖车房。但有一个情况却普遍存在——日均 2 美元式穷人的住房条件糟糕极了，普通美国人甚至不想走进去，更不要说愿意称之为"家"了。苏珊、德文和劳伦的客厅地板上盖着肮脏的、有几十年历史的发霉地毯。研究证实，这种地毯与哮喘、恶心、呕吐和头痛脱不了关系。[12] 在 2013 年的克利夫兰，有一栋两居室的房子里住了 22 位家庭成员，他们挤了近 6 个月，其中两个月还断水了。几乎每个房间的双层床上都挤满了孩子，包括地下室和闷热的小阁楼。同年，田纳西州约翰逊城的一个四口之家被逐出了公共住房，因为他们没钱支付 25 美元的租金。这是住房管理局要求的最低月租，没有收入的家庭也必须支付。在当了几个星期的沙发客之后，这家人来到一个臭虫泛滥、没有厨房的破旅馆，他们将在此等候着城里唯一的家庭收容所开放空位。

当无家可归的家庭与亲戚合住时，亲人的支持可能会成为一笔重要的财富，就像芝加哥南区的苏珊和德文一样。但很多时候，贫困家庭所依赖的亲人自身的经济状况也不怎么样，因为贫困会代代相传。如果本书记录的家庭故事有什么共性的话，这一点尤为突出。对珍妮弗·埃尔南德斯来说，投入得克萨斯州家人的怀抱就是她犯的最大错误，无论是对她个人还是对她脆弱的孩子来说都是如此。

20 世纪 90 年代末，一个医学团队针对中年人群体开展了不良童年经历（adverse childhood experiences）发生率的研究。[13] 不良童年经历包括情绪、生理和性虐待，情感和身体被忽视，以及某些不良的家庭特征。研究人员对来自圣地亚哥的 17000 多人开展了调查，发现不良童年经历的发生率高得惊人。大多数研究对象都是中产阶级，而且上过大学。64% 的人至少有过一次不良童年经历，超过 1/3 的人经历过两次或两次以上，

28%的人曾遭受身体虐待，1/5的人曾经历性虐待。[14]该研究及后续调查表明，对于美国大众而言，在童年时期遭受虐待、忽视和其他不良经历非常普遍，并且贫困儿童遭遇不良经历的可能性还要高得多。在日均2美元式贫困家庭中，这种高可能性往往源于他们对亲戚和朋友的依赖。

考虑一下虐待最有可能发生的情形，我们就会发现这种现象是意料之中。以凯特琳遭遇的儿童性侵犯为例，实施者通常是孩子身边熟识的人。据估计，大约60%的侵犯者与儿童相熟但不是家庭成员；30%的侵犯者，比如乔斯，与儿童有亲属关系；陌生人只占10%。这些性侵者往往伴随酗酒或吸毒恶习。被多人看护的儿童面临的风险最大，情绪脆弱的儿童也很危险（比如刚从芝加哥搬到得州的凯特琳和科尔）。[15]

迫不得已借住在熟人家的日均2美元式家庭，常常陷入性侵犯、情感或身体虐待的危险风暴中。他们通常无法保护自己，无能为力、一筹莫展。同时，他们还要随时作好应对危机的准备，而危机正是迫使他们过上借住生活的原因。父母们会焦虑或抑郁，这不奇怪，毕竟居无定所的生活会带来极大的压力。[16]他们身边的人或许都在人生的某个阶段遭受过虐待，与酒精和毒品持续斗争，或者面临着心理健康问题。有时，能在亲戚家的空余卧室里找到避风港是日均 2 美元式穷人的幸事，但也有可能成为不幸。[17]

父亲去世后，蕾一直在寻找一个家，一个她能照顾和依靠的家。虽然蕾对父亲的爱持久而深沉，但对他的记忆却寥寥无几。蕾只能凭借唯一一张照片——一个英俊、精瘦、结实的男人站在一辆鲜红的摩托车旁边——去回想他的点滴。"父亲教育我，想要得到什么，就要看你付出了什么。这么想的话，你就会在每天结束之际为自己的努力而感到高兴，这份努力源于你自己。我认为人人都该通过工作来收获回报，而不该让别人施舍给你。我不喜欢怜悯。"

蕾的父亲刚患上重病时，她的哥哥乔丹就离家出走了，姐姐玛丽露南下前往田纳西州去找大家庭一起生活。父亲去世后，母亲抛弃了她，11 岁的蕾独自生活。"这太疯狂了！我必须靠自己读完五年级，我必须一个人起床、上学……所幸房东是我爸爸的好朋友，他没有把我赶出去。他算是帮了我，让我免费住在那里。"

蕾的母亲换了一个又一个男友，在阿巴拉契亚和克利夫兰之间来回奔波。母亲每个月都会给蕾寄大概 300 美元，这笔钱来自遗属社保福利，父亲的去世让蕾获得了福利资格。她揣着现金，在住所和卖酒铺之间的危险街区穿梭，卖酒铺是缴煤气费和电费最近的地点。蕾踮起脚缴费时，总会先看到防弹玻璃后面高耸货架上的酒瓶子，而不是收费员。她走到哪里都小心翼翼的，因为"到处都是黑帮，血帮和瘸帮的混混"。有一次，她发现卧室外的走廊屋顶上蹲着一个不速之客，她随即报了警，但警察没来。她怕极了一个人的生活，后来养了一条叫甜心的比特犬。（出于安全考虑，蕾所在社区的居民通常都会养比特犬，第二受欢迎的是罗威纳。）

蕾回忆道，在独居了大约一年后，田纳西州的阿姨威尔玛得知了她的境况。"我阿姨和表妹突然来了，我还纳闷到底是谁在敲门？我打开门……她们看到家里只有我和一条狗，没有其他人。她们很快就回田纳西州了，给我姐姐说该回去看看我，否则我会出事的，我太小了不能一个人生活。"

玛丽露和丈夫不情不愿地搬到北方去照顾蕾了。为了躲避儿童福利机构，这两个新监护人"拽着我离开了那座房子"，随后搬进了一间没有暖气和自来水的出租屋。他们只租得起这种房子。在出租屋的第一个冬天，蕾病得很重，两次因为肺炎而住院。她姐夫的两个朋友也搬了进来，一个是因谋杀罪而蹲过监狱的前科犯，至于另一个，蕾一直觉得他有偏执型精神分裂症。玛丽露变得"越来越像妈妈"，不久后就离家出走了。出租屋里只剩下蕾和3个男人，他们在那里待了一年左右。最后，蕾的母亲签了协议，将女儿的监护权移交给了克利夫兰的一位朋友。只要把蕾的社保支票交给她，她就愿意收留蕾。蕾18岁那年，支票停止发放，这位朋友就把蕾赶走了。

蕾从一地辗转到另一地，21岁的她遇到了一个男人，蕾怀上了阿扎拉。唐尼从来没有稳定地工作过，他和母亲、妹妹、表哥、表哥的女朋友在祖父母的三居室里白吃白住。他和妹妹靠着每周卖两次血赚钱，但蕾和阿扎拉从没见过这些钱。多年来，唐尼一直嚷嚷着要参军，还把车库改造成了健身房，睡觉和玩游戏之余常常在那里锻炼身体。

蕾感叹道："我们认识还不到一个月，我就怀孕了！"起初，蕾搬去和唐尼同住，她努力为他们即将出生的孩子营造一个安稳的环境，但事情从开始就不顺利。"我怀孕期间就发现他在外面和别人鬼混。我立马搬走了，但在阿扎拉出生后，我又像个白痴一样回来了，结果又被耍了一次。"

唐尼的不忠刺痛了蕾，她搬去了朋友丹妮尔的家。丹妮尔是3个孩子的母亲，她和一群发小住在一条几乎被烧毁的街道上。当"新家"停水停电、一个女人在隔壁废弃车库里被强奸时，蕾意识到这里并不是一个适合养孩子的安全环境。

她又一次回到了唐尼身边。那些年里，她一次次地尝试和他共同生活，但努力的结果都惨不忍睹。在蕾怀孕期间，唐尼甚至把她关进过不通风的地下室，那个地下室要走很长一段楼梯才能下去。暴力已成为家常便饭，他把蕾的手机摔在墙上，打得蕾下巴脱臼（"我自己掰正了"）。还有一次，蕾和唐尼的妈妈大吵一架，她要求蕾交出营养援助福利卡作为房租（尽管这个家里从未有人给祖父母付过房租）。蕾回忆，最后一次，唐尼"掐住我的喉咙把我按在地上，他想杀了我"。但如果不是唐尼承认跟一个 15 岁的女孩发生了性关系，蕾是不会下定决心永远离开他的。"我这辈子都没有那么狠地揍过人……我那会儿想着，如果他们把我告上法庭，我就会告诉他们，你们的监护权真该被夺走！"

蕾又开始搬家了，她回到了乔治和卡米拉的家中。4 岁的阿扎拉是一个聪明开朗的女孩，她喜欢看卡通片《爱探险的朵拉》，还喜欢拆开玩具探索其中的奥秘。自从蕾上次离开乔治与卡米拉后，这对夫妇又收留了 3 个寄宿者。起初他们在克利夫兰东区租了一套三居室。当一个持枪歹徒在附近打伤 13 名儿童后，他们觉得还是得搬回蕾长大的畜牧场社区。

"我都不会让我的狗住在那种环境里……"朋友在

探访蕾的新家后说道。房子的外观很不起眼，统一的灰色金属护墙板让房子看起来很结实。这栋典型的维多利亚式农舍有两层楼高，二楼的卧室就在屋檐下。宽阔前廊的地板伤痕累累，好在没有破损。扔着碎玻璃和旧轮胎的后院成了阿扎拉的游乐场，偌大的空地足以建造一座花园，这一直是蕾的梦想。

搬家后的第二天，前廊里堆满了杂物。破沙发塞在货车后角，填充物弄得遍地都是。几个塞满衣服的黑塑料袋倚在沙发上，上面标着"XXL"码，应该是属于寄住的"大阿特"。阿特身高超过6.5英尺，体重约265磅。他才60岁，但没有助行架就走不了路了。他坐在前廊台阶上，任由四周的喧闹在耳边回荡。他的两条狗用生锈的铁链拴着，一条患有严重的皮肤病，鼻子、前额和背上都没有毛，身上结满了血痂。除了阿特没人会把它们当宠物。但对阿特来说，两条狗是他唯一的家人。

阿特的外貌和味道都很突出，路人很难不盯着他看。阿特的头上长了一个大疙瘩，直径得有一英寸，头发全秃了没法遮盖住。他眼里布满密密麻麻的红血丝。阿特一般不穿鞋，毕竟脚肿了很难穿鞋，他把这归咎为癌症的影响。他卷曲的黄趾甲也有一英寸长了。他接连几天都穿着同一套卡其色衬衫和裤子，稍靠近他一点就会被汗臭味和尿骚味淹没。阿特不是唯一有味道的人，每个人多多少少都有一点。毕竟家里没有洗衣机和烘干机，去洗衣店又要花钱。

阿特是被老朋友乔治和卡米拉收留的。当时他已大小便失禁，走路都很困难（蕾说他腿上有肿瘤），差点儿被送进养老院。基思才20多岁就秃顶驼背了，他的未婚妻蒂芙妮是个金发碧眼的美人，爱穿低领衣服。俩人被逐出家门后无处可去，后来住进了乔治和卡米拉家。一方面，乔治和卡米拉可以称得上是英雄，他们出于某种程度的心地善良收留贫困的朋友。另一方面，阿特会将他的1300元残疾救济金交给乔治，以换取食物和住所。基思贡献了每月750元的伤残福利金，蒂芙尼交出了营养援助福利卡。但乔治坚决要求所有钱都得给他，蕾说"乔治觉得他该拿着所有钱，这样他就能搞定所有问题。但我认为这只是他骗人和干其他勾当的把戏"。

尽管蕾心存芥蒂，但乔治和卡米拉是除阿扎拉之外最亲近的家人了。蕾一做噩梦就会问乔治阿扎拉是否能和他们一起睡，"因为我不想半夜惊醒时吵到阿扎拉"。夫妇俩吵架时，蕾常会扮演调解人的角色。"我是唯一一个能和乔治好好沟通的人。"她告诉乔治："听着，你再这么自以为是、傲慢自大，你就会失去和你同甘共苦这么多年的女人。暂时放下你的态度，去挽救你们这段关系吧。"

乔治只有小学一年级文化水平（智力缺陷为他带来每月 620 元的补贴收入），需要蕾帮他看账目、付账单。蕾失业后，乔治在房租上给她优惠了不少，但她必须交出营养援助福利卡。蕾试图让自己成为这个家里不可或缺的一分子，她打扫、做饭、照顾阿特，确保自己能继续拥有她和阿扎拉的卧室。充气床垫几乎能填满那个狭小的房间。

卡米拉负责安排伙食。她用替蒂芙尼和蕾"保管"的营养援助福利卡买食物，但两张卡只够买 4 人份食物，不可能喂饱 7 个人，远远不够。乔治和蕾是家里最瘦、最具利他精神的人，他们可以不吃东西，这样其他人就不会挨饿。蕾总是先保证阿扎拉有足够的食物，她自己会在月底那几天不吃饭。在蕾看来，这算不上什么很大的牺牲，因为她经常没胃口。"我 4 天没吃东西是因为我不饿。老实说我已经习惯了，甚至感觉不到饿了，一点也感觉不到。"但她离不开香烟。乔治为家里所有的成年人提供香烟。除了房租、水费和通下水道的费用，买烟是家里最大的一笔开支。

低矮的天花板将 5 个烟民的烟雾罩在房子里。家里只有两个能用的电源插座，地板上铺满了延长电线，阿扎拉和隔壁小孩追逐打闹时常会被绊倒。从某种程度上来说，这个家里的成年人还是拥有一些奢侈品的。每个人都有手机，房子里还有电视——这是乔治安装的第一个物件。但是一楼和二楼没有供水系统，厨房里没有炉灶，做饭的话只能用外面的木炭烤架。

为了租下这栋房子，乔治必须得向房东证明自己已经开通了水电费账户，对于一个只有"坏房客"可供选择的房东来说，这就像是对穷人的信用检查。在上一个房客腾出房子、乔治他们即将搬进来的时候，有人把地下室里的所有铜管都拆走了。毫不意外，这些铜管转头就被卖给了 65 街的废品收购站。房东说他并不打算维修。新房客应该逼房东做些什么吗？他们最好什么也别做，毕竟有这么多没签租约的人挤在这里呢。要藏住大阿特可不容易。

作为唯三健全的成年人，蕾、卡米拉和蒂芙尼轮流提着 5 加仑的水桶走下狭窄的地下室楼梯。她们拧开从墙上伸出的破水管，灌满水桶后再拖上楼。她们不停地跑上跑下。两个马桶需要水冲洗。人和狗喝的水必须得到保障。盘子必须洗。阿特大小便失禁，每天至少要洗一次澡（乔治负责），阿扎拉每天也要洗澡。雨天对他们来说求之不得，下雨时大人会把阿扎拉带到室外洗个雨澡。

蕾和卡米拉努力地修着地下室的供水管道。她们借来一把锯子，切开搜罗到的 PVC 管，试图组装起来替代被偷的铜管，然后接到楼上的水管上。阿特嚷嚷着自己年轻时干过水管工，他坐在地下室的楼梯上指挥着。但蕾觉得他的建议不靠谱。

最让人难以忍受的就是气味。除了大小便失禁的阿特，除了烟鬼，除了狗，除了发霉的家具，房子闻起来有一股荒废许久的陈旧味道。不久之前，前任房客说动房东换了屋顶，房子终于不像筛子那般漏雨了。空气中有湿气时，浸水的石膏墙就会膨胀，天花板也松松垂垂的。厨房的屋顶很低，除了娇小的蕾，其他人都得蹲着走，人一走地板就吱吱作响，似乎随时都有塌陷的危险。

这房子只是 25 岁的蕾多年来称为"家"的数个地方之一。在某年某月某地，她会生活于日均 2 美元的标准之下，而在其他时候，她又能越过 2 美元，比如现在。归功于室友的残疾补助金，蕾的生活水平提高了。但无论能否摆脱贫困线，她的境况似乎没有什么不同。她总是四处寄宿，她挣不够房租。通常情况下，她会在几个月后发现新家的生活难以为继。"地址变更"是日均 2 美元式穷人的命运。

如果调查蕾的不良童年经历，她肯定会写满问卷。"我被殴打过，被强奸过。"她实事求是地说。调查会询问家庭是否让你"感到特别和被爱"，是否"是力量、支持和呵护的源泉"。父亲曾让蕾感到特别和被爱，她在青少年时期充分享受了这种关怀。但父亲死后，生命中就再也没有人给过她这种感觉。蕾唯一没有共鸣的问题或许是"母亲受到的暴力对待情况"。也许只是因为母亲在她11岁时就弃她而去了，她并不了解情况。蕾的母亲在与情人约会时总是带着女儿。"我会住在某个男人的家里，睡在椅子上，而她就在离我不到10英尺的地方和那个男人上床。"这在不良童年经历的问卷上该如何评估？

一次不良童年经历就可能会对孩子造成负面影响，如果反复经历又将如何呢？研究人员认为，"不良童年经历不仅出人意料地普遍存在，而且其影响具备累积性"。[18] 一个人的不良童年经历越多，成年后受到的影响可能越严重。在蕾的故事中，她经历了如此多的磨难，其中不少都是反反复复、长年累月地出现。而且这些经历并没有在她成年后停止。要说有什么变化的话，那就是她的境况进一步恶化了，成年后的她失去了唯一能让她留在法定监护人家里的东西——她仅有的一点社保津贴。

蕾很可能承受了研究人员所说的"毒性压力"（toxic stress），即"在缺乏支持性人际关系的缓冲保护下，身体的压力反应系统长期被强烈地、频繁地激活"。[19]她几乎一直处于高度戒备的状态中，时刻担心着新威胁的出现或旧威胁的反复。她总是在处理这样或那样的危机。毒性压力会影响人们的身心健康，损害执行功能，如决策、记忆、行为自我调节、情绪和冲动控制，可能会导致生理结构性改变或失调，引发学习和行为障碍，同时也是与压力相关的慢性身心疾病的根源。毒性压力会令人身心疲惫，甚至会致人死亡。

像蕾一样身处绝境的人很容易出现记忆力减退。当然，蕾也患有情绪和冲动控制障碍。她需要吃治疗高血压的药物，右眼近乎失明，牙齿也掉光了。最近她抱怨着，"我的膝盖疼得要命，大多数人要是疼成我这样早就去医院了，但我很能忍，因为我就像一把刀……我承受得了"。不远处的街角商店里展示着许多附近居民的照片，16岁的蕾就在其中，一个非常可爱的年轻女孩。现在，25岁的她几乎衰老得面目全非。事实上，周身病痛让蕾有资格申领补充保障收入金，但她拒绝申请，"因为我不想坐以待毙。"她把自己定义为劳动者，如果丧失劳动能力，她在天堂的父亲一定会感到失望。这是她无法忍受的事。

她应对疼痛的方法就是忙碌起来。"我的胃真的很疼，但只要让我走动走动，让我做这个、让我做那个，疼痛就会慢慢地消失。"持续劳动是最好的药物，紧随其后的便是吸烟。蕾宁愿不吃东西也要抽烟。她觉得烟在一定程度上有助于缓解慢性疼痛，食物则不然。与其他折磨她的痛苦相比，饥饿根本不算什么。

蕾尽全力地保护着阿扎拉，但她发现她们身处的困境将她4岁的孩子置于巨大的风险之中。创伤和毒性压力的影响可以波及几代人，从父母到孩子，甚至是从祖父母到父母再到孩子。蕾的过去禁锢了阿扎拉的未来，还可能会影响到阿扎拉的孩子。

在珍妮弗的人生中，她的母亲曾被性侵，珍妮弗自己也在与精神疾病作斗争。而现在，珍妮弗的女儿凯特琳，一个"非常讨喜、活泼可爱的小女孩"所遭遇的性侵之痛将伴随终生。但幸运的是，珍妮弗下定决心要正视得州的梦魇。她决意让乔斯为其所作所为付出代价，努力让凯特琳走出阴影。通过这些勇敢的行为（这也让珍妮弗失去了亲戚的支持），珍妮弗或许能帮助凯特琳打破笼罩在这个家庭里的至少三代人的创伤循环。

这个世界上有两样蕾最想要的东西。第一，是一份能让她全身心投入的工作。和珍妮弗一样，蕾上班的时候最快乐，工作是唯——个能令她逃脱心理阴影的避风港。她需要一份能维持生计的工作，一份能让人稳定不再漂泊的工作，一份能像中产阶级那样每天去上班的令人羡慕的工作。第二，她想为自己和阿扎拉安一个小家，一个能让母女俩玩耍、真正称得上"家"的地方，一个萦绕欢声笑语而不被噪声淹没的地方。没什么比拥有一个家更让蕾梦寐以求的了，那将是"第一次属于我们一家人的地方"。她微笑着、幻想着，如果只有自己和阿扎拉两个人会是什么样子？"我们可以重新布置房子，可以一起吃晚餐，我可以多陪她玩一玩。我不用再听到'天啊，出事了'的尖叫声，我可以放松下来享受和女儿在一起的时光。"在蕾看来，拥有房子是走向新生活的关键。"等我有了自己的房子，我就会攒钱，其他的东西慢慢都会有的……我会先满足阿扎拉的需要，再考虑家具和其他东西。"她会保持低消费，去买她们真正需要的东西。"我要买几个能挂在墙上的小煎锅，在我买得起所有必需品之前，我会一直简单地做做晚饭。"她其实弄不清要按什么顺序买东西，但她知道首先要买什么："我想给阿扎拉买一张属于她自己的'朵拉床'。"在她们现在住的"家"里，蕾畅想着："我要把这张朵拉海报挂起来，挂在阿扎拉卧室的窗户上，这样她就会拥有一间动画片里朵拉的卧室了！"

相关研究表明，如果蕾成功得到了这样一个家，她自己的生活，尤其是阿扎拉的生活，确实会变得更加美好。她们能成功吗？蕾能平息内心的愤怒，保住一份工作吗？随着时间的推移，她能保护好她们的小家庭吗？又或者，她会不会偃旗息鼓、斗志全无，重新回到唐尼的地下室？或者再次跟乔治和卡米拉挤在一起？没人能给出确切回答。

不过现在清楚的是，以蕾当前的境况，她基本上没有实现梦想的机会，也几乎不可能让阿扎拉住进朵拉的小卧室。住房太贵，她能得到的薪水微乎其微，援助也几近于无。

第四章

千 方 百 计

现在卖血已经不赚钱了，但你可以卖血浆。血浆是血液中的一种成分，可被用于治疗多种疾病。卖血浆在日均 2 美元式穷人的生活中相当普遍，甚至被视为救命稻草。每周最多"捐献"两次是合法的，血库每次会付你 30 美元左右，两次就是 60 美元。珍妮弗·埃尔南德斯说她试过一段时间后就放弃了，因为"献血"让她头昏脑涨。考虑到目前的处境，她还不能倒下。

在田纳西州的约翰逊城，21 岁的杰西卡·康普顿每个月捐 10 次血——在法律允许的范围内。血液生物服务站是当地的捐血中心，位于一幢白房子里，房子正面的大玻璃上写着公司名字。杰西卡只有在丈夫特拉维斯有空照看女儿瑞秋和布莱斯时才能去捐血浆。最近特拉维斯常常有空。12 月初的时候，为了应对下降的客流，麦当劳将特拉维斯的工时减少至零，他就这样失业了。现在已临近 2 月。

杰西卡和特拉维斯的身材都比较瘦小。特拉维斯有一头淡黄色头发，杰西卡白皙的皮肤和精灵般的五官与浓密的黑发形成了鲜明对比。4 岁的瑞秋很可爱，是个早熟的孩子。布莱斯只有两岁，她的金发剪到下巴的长度，摇头的时候头发晃啊晃的。布莱斯太小了，从家门口到市中心的 1.5 英里路程都走不了。但是爸爸妈妈总要在家和市中心之间来回奔波，他们会在图书馆找个暖和的地方，那里有儿童读物、活动场地和网络，这对找工作来说至关重要。布莱斯几乎住进了一辆粉色婴儿车里，这是他们从当地救世军组织那里弄来的。婴儿车既是布莱斯的床，又是她的藏身之所，她喜欢偷偷从遮罩下冒出头，头发因为静电而高高竖起。

特拉维斯上三年级时，母亲就离家出走了。不久后，父亲开始"喝酒、嗑安眠药、吸可卡因"。14 岁时，父亲已经成了一个彻头彻尾的瘾君子。母亲曾在他上八年级时短暂地现身，几个月后又消失了。在那些年里，特拉维斯常常想自杀。"我恨我自己。"他回忆道。17 岁时，特拉维斯在社交网络上看到了杰西卡的个人资料。"天哪，她太美了！"他花了整整一个月（特拉维斯当时觉得需要一万年）才说服杰西卡和他约会。几周后，"我想，我们相爱了。4 个月后，她就怀上了瑞秋"。

孩子即将出生，特拉维斯迫切地希望学一门手艺，他报名参加了"青年发展"项目（Youth Build）。该项目提供基本建筑技能的职前培训和普通高中学历的课程，并支付学习费用。特拉维斯有时会在慈善机构仁人家园（Habitat for Humanity）的建筑现场待一个星期，然后再接受一周的就业培训。他喜欢动手实践，梦想着成为一名建筑师。他花了一年的时间获得培训证书并通过普通高中学历考试。但毕业后，麦当劳是他唯一能找到工作的地方，而且工资低、工时短。从那以后，他做了一份又一份工作，全是临时工。后来他回到了最初工作的那家麦当劳，直至失业。现在，带着孩子陪杰西卡去血站成了他最重要的工作。

到血站后，杰西卡先进行登记。作为一名定期捐血者，她可以绕过耗时的全面健康检查。她在自助服务机前有节奏地点着鼠标，回答着健康问题。"他们会让你答 22 个问题，比如最近有没有文身、是否进过监狱、身上有没有穿孔……是的，如果你有文身什么的，就必须告诉他们，然后等上 6 个月再来。"特拉维斯的文身太多了，他甚至不记得文它们的具体时间和地点，而这些都是血站要求必须告知的信息。所以工作人员告诉他"不必来捐了"。

完成初始步骤后，杰西卡来到候诊室等着叫号。"他们会给你测血压和体温。如果一切正常，就去采血测铁、蛋白质之类的……每次我的铁都低得厉害。"杰西卡最近尝试吃补铁药，但没起作用。这让她很害怕，"捐血"目前是家里的财务基石。验血医师告诉她，"如果补铁药没用，那可能就是贫血了"。贫血患者是不允许捐献血浆的。和往常一样，杰西卡很紧张。要是不让她捐血怎么办？家里现在急需 30 块钱，他们已经拖了近 3 个月房租了。在狭小的一居室里，特拉维斯经常站在厨房窗前紧张地瞭望着，警惕着随时可能来驱逐他们的警长的出现。

"他们一般会让我等一等，因为我的血压一直在上升。我就只能等着，10 分钟后再看看血压有没有下降。"在第一次体检失败后，杰西卡坐了一会儿，深呼吸，平静下来，准备再测一次。当被问及为什么血压总是过高时，她说："我也不知道！一定是压力的原因吧，我太担心我的铁含量了，也担心会出其他问题。"

一旦通过体检，她就可以去后厅了，工作人员会引导她躺到躺椅上。("那里很宽敞，摆了很多椅子和机器。") 她今天带了一本从图书馆借来的小说，作者是尼古拉斯·斯帕克斯。"我喜欢带本书过来。"医生戴着手套摸索她的静脉，确定位置后，先用碘酒涂抹出一个小圆圈再慢慢扩大，30 秒后，杰西卡的前臂被染成了棕色。医生将输液管放好，用一根带有绿色双翼针柄的针头插入杰西卡的静脉。("我不敢看，抽血时我从来不看，他们就在旁边操作着。"她指着手臂上明显的针眼说道。针眼就像吸毒留下的痕迹似的，许多穷人身上都有这些因反复捐血而遗留的"小勋章"。)

杰西卡握紧拳头，血液开始流动了。放松—握紧，红色的液体顺着管子流向血浆分离器。随后，金黄色的液体会被提取保存，血液和血小板被送回体内。提取—回流—提取，在这个过程中，"你只需要坐好，看着黄色和红色液体来回流动"。对普通人来说这个过程需要 45 分钟，但杰西卡需要一个多小时。她的体重刚刚超过最低标准 110 磅。她说这个过程是要付出代价的，"我浑身乏力，特别是我缺铁的时候，我真的好累"。

"献完血要在前台领张单据，他们会把钱打进一张卡里，然后就可以回家了。那张卡跟借记卡差不多。"整个流程一共需要约 3 个小时，每小时 10 美元的回报还是相当不错的。只要杰西卡的铁、血压和体温都没问题，她就能在法律允许的范围内尽可能地频繁"献血"。但没人会把每周两次的献血当成一份工作。这只是一种生存手段，是许多人在低薪就业市场之外的生存手段之一。

在 1996 年福利改革前，一个三口之家无法仅靠福利计划提供的 360 美元救济金生活。当时这种家庭的月平均支出为 875 美元。一般的美国家庭只能从现金福利和食品券中获得该数额的 3/5。更糟的是，如果一个母亲找到了工作，她每挣 1 美元就会失去约 1 美元的福利。而且仅靠正规工作赚取的经济收入是远远不够的，工作报酬只比福利金多一点，但交通、儿童托育、医疗保健等开支却要高很多。所以，等着领救济金比去工作要划算得多。

仅靠福利或工作很难让贫困家庭达到收支平衡，而将两者合法地结合起来的能力又很有限。这些单身母亲是如何生存下来的呢？有些人像杰西卡和特拉维斯那样通过慈善组织获得食物，通过善意（Goodwill）机构获得庇护，通过救世军组织获得衣物和必不可少的粉色婴儿车。此外在任何时候，领福利的单身母亲中都有近一半的人在工作。有的人用假身份来逃避检查，有的人频繁跳槽，因为临时工作通常不会上报给福利办公室。那些没有正式工作的单身母亲会给人理发、看孩子、卖饭、打扫卫生，或者偶尔干些销赃、贩毒或卖淫的勾当以填补收支差距。总之，贫穷的单身母亲们有几十种维持生计的策略。[1]

今天的福利已不再是支撑家庭生存的现金基础。福利改革前，贫穷的单身母亲采取的谋生策略无法让她们一夜暴富，她们要付出极大的心血到处赚些零花钱。这些策略与福利结合之后，再加上传统的节俭习惯，她们可以勉强生存。但今天，那些几乎没有现金的家庭失去了这样的兜底网络。这个时代的穷人若想实现收支相抵，就必须找到一种方法，将福利改革前穷人除现金福利之外的收入翻番。对于本书中的家庭而言，尽管他们付出了巨大的努力，但没有一个能够接近这个标准。

当代穷人采用的生存策略与上一代穷人糊口度日的方法如出一辙：靠着私营慈善机构和偷偷摸摸的赚钱勾当，再加上持之以恒的节衣缩食。收入水平稍高的人虽然有稳定的工作或其他收入来源，但在钱不够用时也会这样做。[2] 与尚有现金储蓄的贫困家庭相比，采取高风险谋生策略的零现金穷人家庭要多出一个数量级，即使这些手段会给他们带来心理、法律甚至身体上的沉重负担。

正如一位家长的儿子所说的，很多穷人并不是被动的受害者，他们利用着仅有的丁点儿资源努力"把坏事变好"。尽管他们的处境看上去不像典型的美国人，但他们的行为和观念极具美国特色：出奇的乐观、富有创造力、以家庭为重、坚韧不拔，拥有一种与绝境不匹配的、敢于拼搏的精神。他们可能没有标准的正式工作，但他们在认真工作，哪怕有时异常艰辛、令人窒息。底层家庭在工作中倾注了血汗和眼泪，这正是他们赖以生存的东西。

生存之术

生存策略分为三种。首先是利用公共空间和私营慈善机构，如公共图书馆、食品银行、流浪者收容所等。其次是各种赚钱勾当，如捐献血浆以换取一些必不可少的现金。最后还有一种在多年的艰难困苦中磨炼出来的技能——想方设法开拓资源，少花钱多办事。

公共空间和私营慈善机构

无论是否经历过得州梦魇，珍妮弗·埃尔南德斯都是一个非常善良的女人，一个创造者、一个一心关注孩子幸福的母亲。她靠着芝加哥的私营慈善机构获取各类资源，利用该市所有能利用的公共空间，特别是公共图书馆。当她还住在拉卡萨收容所时，人人都知道珍妮弗会不屈不挠地在大街上、布告栏里、树上或灯柱上搜寻免费慈善活动的广告。她发现了附近教堂正在赠送学习用品，医院可以为孩子免费提供牙齿检查。这些都不用花钱，排3个小时队就行了。这就是为什么他们一家人能在公园看免费演出。如果世界上有人能写一本穷人如何通过挖掘芝加哥公共空间和慈善机构资源生存下去的指南，作者肯定是珍妮弗·埃尔南德斯。她和孩子们没有错过任何一个免费活动，他们充分利用了所有免费资源。

住在拉卡萨收容所时，尽管这家人历经坎坷，但凯特琳和科尔依旧对人坦率、毫无戒心，从他们身上看不出任何苦难留下的痕迹。上街时，姐弟俩会在珍妮弗身边快乐地蹦蹦跳跳、跑来跑去，时刻准备着迎接各种冒险。那段时间他们最常去的地方就是附近的图书馆。图书馆是一栋独栋砖砌建筑，占据了一大片街区，入口两侧各有一列窗户，圆形大厅里有玻璃砖柱，为这个以波多黎各人为主的社区居民提供了极具意义的场景。图书馆为每位家庭成员都准备了藏书和能上网的电脑，有时还会给小孩准备儿童节目。9岁的凯特琳摇头晃脑地跑进大厅，向柜台后面的图书管理员问好，询

　　　　　　　　　　　　两美元过一天

问自己能否"帮上忙"。在一个热情的拥抱之后，她会得到一摞书，由她来负责上架，凯特琳麻利、投入地做着这些工作。科尔会跑到图画书区逛逛，那里有很多受欢迎的绘本。

珍妮弗一家几乎每天都来图书馆。他们不能上网，因为连网需要提供附近社区的固定住所地址，珍妮弗羞于让拉卡萨收容所开这样的证明信，她并不想证实自己是收容所的居民。在凯特琳整理图书的时候，科尔会把书一本本地递给珍妮弗，让妈妈读给他听。放学后，他们还会在这里写作业。这个图书馆就是孩子们的第二个家，也许这里最像他们的童年归宿。

珍妮弗和孩子们把图书馆视作避难所，这些公共场所对穷人的日常生活至关重要：有温暖的休憩之所、干净安全的卫生间，有能上网求职的电脑，有面向孩子们的免费教学活动。也许最重要的是，这些场所能让陷入困境的家庭觉得自己是社会的一分子，并没有被社会抛弃。虽然有时这些场所在提供救济服务时相当勉强，毕竟图书馆并不希望它成为流浪汉的休息取暖站，但大多数时候，它们会用爱心和温暖来关照贫困的来客。凯特琳的图书管理员朋友不仅给她介绍了一份"工作"，还给她提供了一种为社会作贡献的方式，一个归宿。

除了公共场所，芝加哥还有许多像拉卡萨一样的私营慈善机构，它们日复一日地为穷人服务着，提供庇护、食物、免费医疗、就业培训以及青少年教育活动。大部分机构都不会直接给现金，而会提供非现金援助（如住房和食品）或直接服务（如健康检查和心理健康咨询）。采用这种援助形式不仅取决于困难家庭的需求，还必须符合更广泛的共同价值观，以及政府、私人基金会和资助者对机构提出的要求。[3] 因此机构提供的援助有时恰能满足家庭的需要，有时则不然。

正如珍妮弗所言，慈善机构有各种各样的形式和规模。有像救世军组织、天主教慈善机构（Catholic Charities）和善意组织这样的大机构，也有像拉卡萨这样网点遍布芝加哥西区的中等机构，还有一些在夹缝中生存的小机构。许多小机构都是在礼拜堂的地下室里运作的，礼拜堂本身就可以成为避难所。一些慈善机构由训练有素的社会工作者运营，另一些则由没有任何资格证书的长期志愿者管理着，他们的动力往往源于信仰、生活经历或善心。有些机构的开放时间是固定的，珍妮弗这样的穷人可以放心地依赖，但有些机构会不定期开放，开放时间取决于资金和志愿者是否充裕。

在美国，私营慈善机构通常被视为助推社会发展的"小引擎"，它们每年为穷人提供数十亿美元的援助，令人钦佩不已。这份努力是有价值的，慈善机构提供的支持让美国的日均2美元式穷人的处境与发展中国家的极贫人口截然不同。虽然慈善事业在发展中国家也并不稀奇，但流向美国穷人的扶持要多得多。但即使是在美国，即使是对于那些最擅长搜集资源的穷人来说，慈善机构的援助根本无法复制，更不用说取代政府所做的工作。私营慈善是对政府行为的补充，是对政府援助网络的支持。[4]

在芝加哥这类大城市之外，慈善机构能发挥的作用相当有限。几十年来，芝加哥一直是城市贫困问题的典型。但实际上，城外的贫困人口增速比城内更快。从全美来看，慈善机构的分布往往能反映出地区的发达程度。[5]芝加哥、纽约和波士顿等富余之地通常拥有强大的非营利组织，而较贫穷的地方难以拥有可以满足大量需求的慈善资源。在密西西比河三角洲的小镇上，即使有慈善机构存在，数量也是少之又少。在阿巴拉契亚中部的田纳西州约翰逊城，特拉维斯和杰西卡非常清楚这里的收容所床位短缺。镇上的两家收容所均采用按性别分配床位的方式，如果一对带着孩子的夫妻足够幸运地住进了收容所，晚上他们就得分开睡，爸爸需要一边担心妻儿安全一边休息。另一家收容所会让居民每晚搬到不同的教堂地下室。珍妮弗有难的时候，阿比林的救世军组织不得不让工作人员腾出一间办公室来安置这个饱受创伤的家庭。慈善资源与有需求群体在地理位置上的不匹配现象日益严重，越来越多生活在大城市之外的贫困家庭将会发现，当需要援助时，他们已经与资源完全脱节。

慈善机构提供的服务质量千差万别。当莫多娜不情愿地去公共服务部办公室申请福利时，她正幸运地住在市里一个不错的收容所里。她和布里安娜能有一间自己的房间，有一扇真正的门，工作人员待她们也很友善。对于无处可去又无能为力的母亲和孩子来说，有一些收容所丝毫没有安全感，特别是对于经历过创伤的人而言。工作人员值得信任吗？他们会尊重你还是会把你当成人渣？其他家庭好相处吗？收容所里汇集了许多受伤而绝望的家庭，除了穷困潦倒、虐待历史和糟糕的命运，很多家庭没有任何共同之处，免费吃喝让他们相聚在一起。有时，收容所本身就是极具破坏力的地方。

几个月前，布里安娜和母亲住在另一家收容所。她对一个和母亲同住的大男孩产生了好感。尽管布里安娜经历艰难，但本质上她还是个天真的15岁少女。她享受男孩的关注，心甘情愿地被他夺走注意力，他们在大厅里嬉闹着。一天晚上吃饭时，男孩当着所有人的面问另一个同龄女孩："你什么时候能再跟我那个一下？"

在场的每个人都知道布里安娜对男孩有好感。他曾让布里安娜艰难的日子好过了许多，而现在他却让布里安娜觉得自己一无是处、糟糕难堪，他用的还是那种直白粗鲁的语言。现在大家都知道了，布里安娜钟情的对象从另一个女孩那里得到了一些她自己还没准备好给予的东西，即使也没人向她索要。男孩的粗俗行径放在其他场合可能很普通，但对布里安娜来说，不久前她还和令人难以忍受的祖母、每天折磨她的表妹住在一起，这个脆弱、受伤的女孩当场就失去了理智。她对男孩大打出手，尖叫、扔东西、骂人。收容所事后赶走了所有相关人员。莫多娜和布里安娜再次流落街头，她们重新疯狂地寻找着新住处。

她们在这个收容所待的时间很短，实际上，几乎没有一家收容所会让一个家庭连住数月。收容所的理由听上去很充分——资金有限、供不应求。但对于任何一个潦倒家庭来说，几个月太短了，根本不足以实现自给自足。因此，那些在贫困之中挣扎的人很可能会陷入无休止地寻找新住处的泥潭，这使得他们更难找到并保住一份稳定工作。

此外，为了集中精力完成帮扶使命，很多收容所都对帮扶对象设置了严格的准入标准。有的只接收孩子年龄在 5 岁以下的母亲，有的要求受助者参加宗教活动；有的要求帮扶对象刚刚失去住所，有的则需要进行犯罪背景调查；有的收容所有很棒的官方网站，有的则充斥着过时信息；有的能通过电话联系，有的只能通过口耳相传获取信息。因此，寻找新住处可能需要花费数天的时间。假设你终于找到了有资格入住且刚好有床位的住所，为了抵达新家，你得拖着全部家当在城里奔波，这在没钱的情况下相当艰难。

像珍妮弗这样的家长面临的另一个困境是，在慈善机构的世界里，无论他们提供什么援助，重点援助对象往往都是孩子，而不是孩子的父母。凯特琳和科尔可以在各种诊所和医院里定期进行牙科检查，在指定的星期六，这些检查全部免费。珍妮弗同样急需一位牙医来看看她萎缩的牙龈。但在 2012 年夏初（珍妮弗拼命找工作的时候），伊利诺伊州削减了成人医疗补助项目预算，因此只有紧急情况下的拔牙可以得到保障。[6] 一位热心的社会工作者为了珍妮弗的牙齿给许多诊所打了电话，发现芝加哥市区内竟然没有一家牙科诊所愿意为她提供任何形式的无偿治疗。

对于日均 2 美元式穷人而言，接受慈善机构的援助意味着有地方住、有饭吃、有新书包上学。但这些援助终究无法全面和完善。即使在慈善机构数量远超出其他地方的芝加哥，仅依赖慈善资源仍然只能过没有保障的生活。

赚钱之计

一般来说，售卖福利在领取食品券（补充营养援助计划）的家庭中很少见，[7] 但在我们的研究样本中，这是为了获得重要资源——现金——所采取的常见策略。他们为什么要这么做？又是怎么做到的呢？

据统计，2011 年，约有 150 万个有小孩家庭在全年任何月份内都处于"两美元过一天"的贫困状态。如果把食品券算作收入的话（计算其现金价值），这个数字将减少至 80 万。比较两个数字就能发现食品券对极贫人口的生活来说是何等重要。如果把珍妮弗·埃尔南德斯每月 500 美元的食品券记作现金收入，她并不符合日均 2 美元式穷人的标准。特拉维斯和杰西卡也一样。显然，食品券是极贫人口能够利用的重要资源之一。但福利不能等同于现金。在这个国家，没有现金是无法生存的，这是一个不争的事实。出于这个原因，虽然食品券可以帮助穷人克服某些困难，但它不能像现金那样帮助一个家庭摆脱极贫陷阱。

让我们考虑以下情况：假设你得到了一份起薪为

55000 美元的工作。上班几周后，你正全神贯注地计划着第一份薪水要怎么花。就在这时，你碰巧在走廊上与老板擦肩而过，她淡淡地说："对了，你工资中的 4000 美元会通过食品券的形式发给你。"你会耸耸肩，认为 1 美元福利和 1 美元现金具有等同价值吗？或者你会愤怒？假设老板给你一些选择，方案一是 55000 美元的现金工资，方案二是 53000 美元的现金加上 4000 美元的食品券——这相当于加薪 2000 美元！你会作何选择？如果让全国各地的大学生来回答，大多数人都会倾向于选择方案一，大家宁愿选择现金的灵活性而不是附加的购买力。

为了了解福利在日常工作中是如何运作的，让我们继续考虑：假设你决定采纳方案二，与之前相比，你会多花 4000 美元买食物吗？或者你会停止用现金买食物，转而使用食品券购买并将现金用于其他方面？

在拿到食品券后，大多数人在某种程度上都采取了后一种做法，他们不再像以前那样继续用钱买食物，而是将钱用于其他方面。经济学家称之为"替代效应"（substitution），这是一种相对普遍的现象。设想一下，一个四口之家在没有政府援助时的全职收入为每年 18500 美元（每小时约为 9.5 美元）。在某个月付完房租、交通、衣服和水电费等基本开销后，他们可能只剩下

300 美元的食物采购预算。在这种预算之下，冰箱在第三周时几乎是空的，除了最便宜的拉面。妈妈、爸爸和孩子必须靠拉面度日，直到下个月工资到账。在美国，即使是收入远超出最低工资标准的全职工薪阶层，每个月也可能至少有一周的时间每天都在吃拉面。

假设这个家庭打算申请食品券，他们具备每个月获得 400 美元福利的资格。那么除了 400 美元福利，他们还会花 300 元现金买食物吗？如果他们买了，这家人的食物预算就会达到 700 美元，是之前的两倍多（尽管对于一个四口之家来说仍然不算大数目）。但更有可能的情况是，考虑到收入情况和飙升的住房成本，这家人在房租和交通等非食物必需品方面的支出可能远远落后了，所以他们会将食品预算增加至 500 美元（增加了67%），也就是 400 美元福利加上 100 美元现金。如此一来，这家人就能将额外的 200 美元现金用于支付其他账单了。

这种替代之术对苦苦挣扎的家庭来说是维持生计的救命之道。食品券释放出的现金，不仅能降低家庭拖欠房租和水电费的概率，还减少了家庭成员看不起医生的窘境。[8] 食品券不仅能为饥饿的孩子提供食物，还能使整个家庭免受其他苦难。但这种替代方法也存在弊端。相当多的领取福利家庭面临着美国农业部所称的"食物无保障"（food insecurity）状态，这意味着他们在一个月结束之前就会吃完食物。这些贫困工薪家庭的预算往往非常紧张，常常出现赤字，他们需要使用替代措施来维持正常生活、避免流落街头，⁹ 许多家庭对这些危机的恐惧已经超过对挨饿的担忧。

采用替代措施的家庭并不犯法，也没做任何不道德的事，他们只是重新分配了花在食物上的钱。但是，用福利直接换现金——本书中的家庭最常用的生存手段——却是一种犯罪行为，而且是严重的犯罪。许多日均 2 美元式穷人即使违反法律还要这么做的原因是上述的替代之术已经不起作用了。首先，他们没钱买食物。其次，付电费甚至给孩子买新袜子和内衣，似乎都要比几周之后的吃饭更迫切。更重要的是，对于一个一无所有的家庭来说，从其他渠道（比如食品银行）获得食物要比获得其他资源容易得多。这就是食品券"贩卖"现象在一般的贫困人口中比较少见，在日均 2 美元式穷人中却很普遍的原因。

现金到底有什么神奇之处呢？可以说，没有它，你的活动就会非常受限。即使你是少数获得了租房补贴、医疗保险和食品券的幸运儿，即使你能拿到我们的社会所能提供的所有非现金福利，但你仍然缺 20 美元现金，仍然无法在二手商店买一身西装去参加面试，仍然付不起去市中心的公交车费。面试时的穿着不得体（或者你在芝加哥的炎热天气里走了几英里而汗流浃背）会传递出一个信息——你没有认真对待这个工作机会。

现金也是去自助洗衣店洗衣服所必需的资源，否则你就得在流浪汉收容所的浴缸里洗（假设你想办法搞到了洗衣粉），然后把衣服挂在浴帘杆上晾干。现金还是买那双新鞋或书包的必要条件，它能为你的孩子在操场上或在学校的午餐队伍中买到一点尊严。一点点的现金意味着一点点的自由。它能让人们灵活购买家庭最需要的物品。

2010年夏天，一个研究团队对在巴尔的摩高层公共住房里长大的150名年轻人的生活展开了研究。研究人员注意到有一些家庭似乎没有任何形式的定期现金收入。19岁的阿什利就是这样一位年轻妈妈。阿什利和孩子、母亲、兄弟、一个叔叔和一个表弟住在"拉特罗布之家"的一间公寓里，家里除了一张靠在墙边的断腿桌、一个酒吧凳和一张看起来像从垃圾箱里翻出来的臭沙发外没有其他家具。也没有食物和奶粉。阿什利说，尽管家里没有人去上班，但也没有人去申请福利，只有这套政府提供的免租房。阿什利几周前刚刚生下第一个孩子，她情绪还很低落，头发乱糟糟的，摇哄孩子时甚至没有力气撑住孩子的头。

采访结束后，研究人员给了这位年轻妈妈 50 美元的采访津贴。24 小时后，当研究人员再次登门准备后续访谈时，他们发现货架上不仅有了奶粉，阿什利还烫了头发、做了造型，在旧货店买了身新衣服。阿什利把孩子托给母亲，正准备出门去找工作。50 美元给阿什利带来了一点自主权，这显然激发了她的自信心，促使她开启求职之旅。

珍妮弗·埃尔南德斯没有现金收入，但她每月能拿到近 500 美元的食品券。偶尔在急需现金时，她不得不卖掉一些食品券。上一次她这么做是为了给孩子们买袜子和内衣。之前还有一次，是因为孩子们需要校服。卖食品券是犯罪，珍妮弗为自己迫不得已的行为感到难堪。但她还是这么做了，她觉得满足孩子的需求比遵纪守法更重要。

珍妮弗对相关法律有一定了解，她知道这是在犯罪，所以她绝不能被抓到。在食品券申请表的细则中，明确规定了售卖福利可能会导致重罪指控，而且处罚会很严厉。伊利诺伊州的申请表中提到，你可能会因犯罪"被判处最高 25 万美元的罚款或最高 20 年的监禁或两种处罚并施"。

想要了解一个社会对哪种违法行为最厌恶，从对违法者的最高刑罚中就能看出来。在大多数司法管辖区内，持有少量大麻的初犯者几乎不受法律制裁。根据美国联邦量刑指南，一个"鲜有犯罪记录"的人必须犯下基本级别为37级的罪行，才会被判处最高20年的监禁。相比之下，自愿非预谋性杀人罪为29级，会被判处9年监禁；持枪攻击并造成受害者严重身体伤害是24级，会被判处5年监禁；对12岁以下儿童实施性侵也被归为24级。令人震惊的是，从法律条文上而言，珍妮弗卖福利所面临的刑期要比乔斯猥亵凯特琳的刑期长得多。[10]

现在卖福利要比以前难多了。在过去，人们手握纸质食品券而不是电子福利转账卡，可以轻而易举地用食品券换现金。但现在，转账卡上有你的名字。刷卡时，你需要输入个人号码，这意味着在大多数情况下，你必须亲自到场参与欺诈交易。如果你直接把转账卡和号码给某个人，让他买完食物后再把现金返还给你，那你怎么防止他用完卡里的所有食品券呢？你真的愿意把自己最有价值的财产托付给别人吗？尤其是在知道此人会不惜违法以获利的前提下？

尽管存在诸多困难，但只要有人需要，就总有方法用福利换现金。相对简单的办法是找家人或朋友，让他们用你的卡买食物再还给你现金。但并非所有穷人都会用这种办法，原因很简单，他们的亲戚可能和他们一样穷，也没现金。还有人根本没有亲戚或朋友。比如芝加哥的珍妮弗，当她对乔斯提出指控后，只有一个阿姨还和她保持着来往，但去这个阿姨家需要坐一趟火车倒两趟公交车。

有时，人们会蹲守在商店门口试图用福利交换陌生人的现金，但这种交易必须以极低的折扣才能促成。如果珍妮弗尝试这么做，大多数进店顾客会直接忽略她，有的人可能还会教训她，甚至会报警。但假设一个小时后，她幸运地碰上一个友善的人。珍尼弗和这位同伙一起走进商店，同伙会像往常一样塞满自己的购物车，结账时，珍妮弗用转账卡付钱。之后，珍妮弗会得到按照约定"汇率"换算的现金。2012年夏天，芝加哥的现行汇率约为1美元福利兑60美分现金，这对买家来说是一笔不错的交易。

珍妮弗还没有这么做过。这太难堪了，而且风险太大。她觉得只有瘾君子才会铤而走险地用这种方式换现金。但她确实知道另一种办法，这个办法需要一个对当地情况有深入了解、愿意合作的商人同伙，毕竟你不可能随意走进一家商店询问他们是否愿意参与犯罪。

珍妮弗小时候和母亲从阿比林搬到芝加哥，定居在小村社区，就在拉卡萨收容所的南边。据珍妮弗说，那里有很多小杂货店，时常有用福利换现金的非法交易活动。交易者们会流窜于不同商店，避免店主被暴露。珍妮弗在这一带有熟人，他们会告诉她哪一家店可以进行交易。

杂货店老板会让珍妮弗买100美元的杂货，然后从她的卡上扣掉100美元。但珍妮弗并不会带着买的东西离开，她拿走的是60美元现金。交易的主要受益者并不是珍妮弗而是店主，他能从中获利40美元（这是他对交易的风险开出的价格）。珍妮弗经常光顾的那些小杂货店的老板都很聪明，他们会谨慎行事，毕竟这种非法交易属于最容易被政府识破的福利欺诈行为。现有数据证明，这种交易的发生率实际上很低，并且近年来有所下降。美国农业部1993年的一项审计调查发现，每1美元的食品券中包含约4分钱的诈骗行为。但在2009年至2011年，这一数字下降至约1.3美分。但即使只发生一起欺诈交易案，也会让大众觉得福利项目中充斥着骗局。[11]

像大多数日均2美元式穷人一样，珍妮弗将大部分食品券用于买食物，只有在有重要需求时才会兑换成现金，而这些需求几乎都与孩子有关。但无论如何，她仍然觉得贩卖福利在道德上是不可取的，并且一直保持着风险意识。虽然贩卖福利是日均2美元式穷人获取现金的常用策略之一，但它很少会成为首选策略。

包括珍妮弗在内的许多穷人都曾通过捡铝罐卖钱。珍妮弗说，如果想从小巷的垃圾桶里搜罗铝罐，即使你翻上数小时、没有放过每一个铝罐，一天最多赚8到10美元。事实证明，如果你真想通过捡垃圾来赚钱，你必须拥有一些基本的资产：一个废品仓库和一辆运输货车。

在克利夫兰库德尔社区，保罗·赫克维尔德的后院堆满了各式废品，铝罐、铁皮、坏空调，等等。他每隔几个月就会把这些废品送到废品站。保罗今年60岁，是一个积极、虔诚的福音派基督徒。他身材结实，有一头灰白的金发。他声如洪钟，情绪一激动音调就会升高，甚至发出"吱吱"声。鉴于他精力充沛的性格，吱吱声经常出现。

在20世纪90年代中期经营比萨店之前，保罗已经历过几十年的艰辛岁月了，比萨店让他享受了随后近15年的中产阶级生活。但在2008年餐馆倒闭后，有几年他的家庭根本没有任何收入可言。收废品一直是保罗赚钱的生存手段之一，"我们把所有罐子都存起来了，每次去废品站可以赚大约60美元，这些钱本来是会被直接扔进垃圾桶的！"

保罗会和儿子萨姆搜罗街道，有时还会在垃圾箱里精挑细选。等到后院的废品堆足够大时，他俩就把它们送到回收站。保罗估计，目前后院的废品可以卖到 100 美元左右。"一台空调就能让你赚 10、15 或者 20 美元，"他边说边举起了一个在路边捡到的空调金属内件，"把铜和铝的部分搞到手，这些材料才值钱。"

保罗家偏东南方向就是蕾·麦考密克居住的畜牧场社区，那里有许多废品收购站。沿着第 65 街往前走，刚过克拉克街就会看到一辆辆卡车，它们是专职废品贩子的车，包括那些偷拆教堂贵重金属的违法贩子。卡车驶入西区金属公司的半圆形大车道，有的又闪又新，有的破得难以行驶，车上装着各式各样的金属垃圾。车停好后等待着卸货，废品将被运入货仓，每件金属都会被称重和估值。蕾的地下室里的铜管兴许最终就来到了这里。

西区金属公司并不适合做小买卖，像保罗这种卖废品的一般会沿着第 65 街继续往南走。街道东侧曾开了一家凯马特超市，蕾在那里工作了几年。现在，这个巨大的卖场如同一个空荡的大盒子，除了一家鞋店、一家小吃店和几家廉租企业外几乎什么都没有，招牌也都被拆了。继续走就会看到一个大型汽车修理厂和一家汽车营救队，还有一家几乎占据大部分街区的汽车旧零件收购站。街道西侧便是"美国废品市场",保罗在这里可以用罐子赚取每磅 65 美分的收入。

捡破烂提供了一种赚钱方式,但它需要资产。在日均 2 美元式穷人中,很少有人能像保罗一样顺利开展这项事业。即使是他,一年中任意月份的废品收入也不会超过 60 美元。仓库和交通工具是珍妮弗和大多数日均 2 美元式穷人负担不起的资产。他们必须寻求其他生存手段。

在赚钱的途中,有时唯一可用的资产便是自己的身体。一个绝望的母亲除了贩卖福利或出售血浆,还可能会选择卖淫。现有数据预测,在一年之中,只有极少数的贫困单身母亲通过性交易或性服务赚钱。[12] 在我们追踪的 18 个家庭中,有 3 个家庭的家长承认从事过有偿性交易,其中两位家长都有十几岁的女儿,他们这么做的目的是为了帮助家庭生存下去。

对最底层群众而言,性被视为一种生存手段。你可能在电视里看到过,一个饱经风霜的女人吸毒后徘徊在黑暗的街角,等待着向嫖客提供性服务,或在废弃房子、后巷或肮脏的公共浴室里进行着各式各样的性交易。但事实通常并非如此,建立在好感之上的"性交易"更为常见。一个母亲可能会和"朋友"交易，某个她信得过的男人，某个没有暴力倾向的男人。他们可能是在附近认识的，男人在酒吧请她喝过酒。无论哪种方式，这样的朋友都不难找到。她兴许会邀请他回家，也可能去他家。她可能会和他发生性关系，或者只是以某种方式"照顾他"。作为回报，朋友会帮她充电话费或付部分房租，甚至邀请这位母亲和她的孩子在他家住一段时间。

早餐时，布里安娜提起了莫多娜的"朋友"。在这个特别的早晨，有人请布里安娜和莫多娜吃早餐，所以莫多娜并没有像平时那样把咖啡当早饭——在1杯咖啡里加6块奶精和12块糖。"我们的'朋友'还在关照我们吗？"布里安娜带着羞涩的笑容问道。在过去的几个月里，"朋友"一直在给她们充手机话费，还帮忙付了寄存行李的仓库费。（大多数收容所仅允许每人存放一个包，如果你不得不去流浪汉收容所，你要如何处理全部家当？把它们丢在街角？甚至丢掉孩子的绘本？）莫多娜显然还没准备好定义这段关系，只是说如果她照顾那个"朋友"，那么他就会关照自己和布里安娜。她显然不为这种关系感到骄傲，但她可能会说，她只是在做自己需要做的事。当然，她并不是妓女。

在这顿早餐的几个月后，莫多娜和布里安娜因未能在3个月内实现自给自足而被逐出了收容所，她们搬去了那个朋友家。就在圣诞节的前几天，莫多娜发现男人看布里安娜的眼神很怪异。她跟男人挑明了，男人把母女俩的家当从二楼窗户扔到街上，把她们赶出门外。两人站在寒风中无处可去，行李乱作一团。她们花了整整一个星期才在好心的北区救世军组织那儿找到稳定住所。

省钱度日的艺术

即使有慈善机构的帮扶，再加上前文提及的各种赚钱手段，日均2美元式贫困家庭仍然难以生存。生存需要更多资源。面对艰苦卓绝的处境时，人必须要有一种顽强的乐观主义精神，一种绝处逢生、努力拼搏的坚定信念。因此，除了慈善机构和公共场所，除了贩卖福利、废品、血浆和身体，日均2美元式穷人的主要求生之术便是一些创造性的省钱度日办法。有的人在数十年里一直一贫如洗，多次陷入一无所有的境地。对这些人而言，在艰难之中磨砺出的"创业技能"确实令人钦佩。

2013年的春天和夏天，在保罗·赫克维尔德的家族比萨生意倒闭后，他那个简陋的住宅——两层楼加上一个阁楼和地下室共约1100平方英尺的房子——成了22个家庭成员的家，算上保罗和结婚40年的妻子莎拉。

保罗的腿有旧伤、行动不便，而所有人都想靠着保罗的残疾补助金活着。

下面是赫克维尔德家族走向没落的过程。2007年，保罗的3家比萨店的销售额达到了150万美元。他与两个儿子萨姆和乔纳一起创业，第一家店于2004年在库德尔附近的莱克伍德郊区开业。店内生意不错，所以2005年，他们在著名的杉点乐园附近的桑达斯基开了第二家店，这家店也迅速赚得盆满钵满。2007年，保罗又在克利夫兰和桑达斯基之间的小城市阿默斯特开了第三家，他让两个女婿共同管理。

送餐和外卖是盈利点，他们经常做些经典的"买二送一"特价活动，这是吸引工薪阶层顾客入店的好办法。保罗回忆道："我经济状况最好的时候就是开店的时候，一个月轻轻松松挣5000美元……我每周都能在银行存1万美元！"他和莎拉大半辈子都过着勤俭节约的日子，5000美元就已经超出了他们的生活水平。房子的抵押贷款每月约700美元，除此之外，家里只有他们两人，开销很低，毕竟5个孩子都不需要他们抚养了。保罗一直坚持着每个月全额还清信用卡和其他账单，所以他没有背负其他债务。更妙的是，比萨生意让他很放心。两个儿子看店，两个女儿（通过丈夫的工作）也能分到店里的收入。他无法控制孩子的个人生活，但他已经把孩子培养成了优秀员工。

比萨店并不是保罗第一次创业。从孩提时代起，他的血液中就流淌着企业家精神。10岁时，他买了一台望远镜，架在穿过克利夫兰西区的繁忙的洛雷恩大道上，他向行人收取10美分的"赏月费"。"这在当时可是件大事！那会儿还没有什么太空计划。"他回忆道。有一天晚上来了很多感兴趣的顾客，甚至造成了交通堵塞。保罗愉快地回忆起另一个夏夜，那晚他和表弟彼得出门擦鞋。从25街一路走到卡姆角的150街，然后再绕回来。天黑了，这是该回家的信号，但酒吧还开着。"我们去酒吧里擦皮鞋、工作靴……这活儿很挣钱，我们还不能回家。我们直到凌晨2点才走，邻居们都在担心……每个人都喝醉了，擦他们的靴子能立马得到20美元！我12岁之前就干这活儿了……那真是一个特别的夜晚。"

16岁那年，保罗在上高中，当时他在当地一家钢铁厂里打工补贴家用。一天，厂房中的大钢梁掉下来砸断了他的左脚。即使在这种状况下他依然觉得自己很幸运——还好没丢掉性命。事故发生后，他不得不自制了一个假肢。"我做了一个模具，买了那种液体橡胶倒进模具里。"后来他又用硅胶做了个新假肢，"当时整个行业都还没人这么做。"在申请了几个月的工伤赔偿后，他发现对于一个只有一只脚和一张高中文凭的男人来说，工作机会非常稀缺。在被工厂拒之门外后，保罗和刚娶进门的妻子莎拉搬到了阿米什村的农场，他们为一个农场主工作，有免费住处和微薄薪水。在农场主的指导下，保罗成长为一名"多面手"，他学习各种技能，为他的企业家之梦准备着。农场主退休后，保罗利用浑身的技能在希格比百货公司找了一份电视维修工作。后来这个行当也衰败了，保罗一家在随后的几年里陷入了贫困。保罗开始一边在建筑工地上打零工，一边攻读大学学位。他坚信，如果不接受更多教育，他永远不会有出头之日。所以他一次会修几门课，靠卖血浆给车加油。

大学为保罗提供了入场券，他开启了一段为期5年的职业生涯。保罗在世界各地的医院和诊所里销售、安装最新的医疗成像设备。他开始去"波多黎各、菲律宾、南美洲"旅行，"美国只剩4个州我没去过了，纽约！没有什么地方能比得上纽约！"保罗喜欢旅行，渴望见识大千世界。一路上他还学了不少中文，还有其他6种语言的常用短语。这份工作意味着时常奔波。到2004年，他已经花了大量时间在周游世界上，他基本没有参与孩子们的成长，这令他惋惜极了。

他不在家的时候，莎拉把一切都打理得井井有条，甚至还在家里给孩子们上课。这对夫妇认为他们在 1979 年时"被上帝救赎",认为让孩子在家上学是保护孩子免受世俗伤害的一种方式。保罗说:"我的孩子没有出去上学,他们不是尘世的庶民,他们爱上帝。他们或许做得不好,但只要爱上帝,我不在乎他们当不当医生和律师。"然而,随着孩子们渐渐长大,保罗担心他们会与没有得到上帝救赎、身陷各种麻烦的对象结婚。他想着经营比萨生意或许能有更多时间与家人待在一起,他希望自己能塑造孩子们的人生方向。

保罗用住房净值贷款从特许经销商那里盘下了第一家比萨店铺,这打破了他一直奉为圭臬的观念:"别动房子。""我这么做不是为了我的妻子,也不是为了我的孩子,而是为了比萨店。这是我犯下的一个错误。"保罗家有两层楼,由砖砌成,覆盖着褪色的绿色壁板。房子在 2004 年的估价为 7 万美元。"在当时,这个价不算高。"毕竟房子破旧不堪。但他很自豪,因为这是他自己的房子,他没欠银行的钱。

比萨生意让保罗觉得自己终于过上了梦寐以求的生活。但 2008 年来临了。经济不景气,他的"一些店每周亏损 5000 美元"。他果断卖掉了赔钱最多的桑达斯基店,还上了另外两家店的特许经营费用。接下来,巨鹰百货连锁店买下了阿默斯特的店,但保罗从中赚的钱只够还比萨店的剩余债务的。莱克伍德店也摇摇欲坠，最终由于街道建设要停业一年多而倒闭。

幸运的是，保罗从这场惨败中走了出来，他没有欠上级公司任何债务。但他无法偿还房屋贷款。更重要的是，房屋状况在过去几年里已大不如前，而克利夫兰的房地产市场几近崩溃。"以房子现在的条件，可能就值1.5万美元吧，但我背着6.5万美元的贷款呢。"最近，尽管政府还贷政策允许保罗将每月的还款额从700美元减至250美元，但在没有工作的情况下，这个数额也难以承受。

家族企业的弊端就在于一旦企业崩溃，全家跟着遭殃。保罗一直是其他家庭成员依靠的对象，但"在2008年到2010年，有一段时间我没有任何收入"。在没有房产净值可依靠的情况下，他刷爆了信用卡。"借钱还债，真是一团糟。我兑现了我的人寿险，我在医疗设备公司上班那会儿有一个投保账户，我把它提现了。"

花光这些钱之后，保罗靠着唯一的信念坚持下去——发生的一切都是上帝赐予的"祝福"。那段时间，教会成员们多次为他筹集物资，教会的一位长老每隔几周就会塞给他一个装着几百美元的白信封。有一次，信封里竟出现了一张1000美元的支票。还有一件事也很重要，保罗说道："2004年，上帝让我的面包车发生了三次事故（过错都在对方）。我第一次得到了 1500 元的赔偿，另一次拿了 1200，还有一次赔了我 1000。上帝啊，你偏袒了自己的阵营，你站在了我这边！"然而在第四次奇迹发生之前，面包车牺牲在浓烟中，"它最终在车道上烧毁了，发动机也着了火，它报废了，没有保险……"

教会的朋友送给保罗一辆二手车，那是一辆有彩色车窗的白色厢式货车，濒临报废。"车架完全是锈的，手摇两下就能让它散架。"保罗没有抱怨："我买了台电焊机，简单地焊接了车架，在下面焊了一些钢材。有一边刹车线都是临时装的，我把零件拼凑在一起后凑合着用了一个冬天。"

2010 年，保罗的所有资源即将耗尽，他的社保残障保险终于获得了批准。2009 年时，他被诊断患有糖尿病，那条瘸腿的状况也很不稳定（还导致了慢性背部疾病），他无法站立太久。具备残疾人资格才能通过医疗补助计划，进而进入公费医疗体系。但是 2011 年，莎拉得了癌症，她必须在一年的治疗之后才能获得医保（《平价医疗法案》通过后，俄亥俄州扩大了医疗补助范围，现在她不会面临这个问题了）。医药开支越来越多，账单堆在保罗桌上的电脑旁，几乎有一英尺高。

但他们的考验才刚刚开始。2013 年春天，他的一个女婿入狱了。怀孕的女儿与孙子孙女搬来与保罗夫妇同住。另一个女儿在丈夫丢了工作后被丈夫逐出了家门。2013年夏天，在克利夫兰的经济形势下，失业率超过10%。现实证明工作的确很难找，被逐出家门的女儿和孩子们也搬了过来。儿子那边，一个儿子的前妻在先前几段关系中生了6个孩子，后来她因癌症晚期住院，失去了孩子们的监护权。当儿童福利机构找上门时，保罗夫妇选择了收养孩子。萨姆被妻子抛弃了，也留下了6个小孩，其中3个是前妻之前生的。萨姆不得不辞去工作成为一名全职爸爸。他付不起房租，住进了父母家。

说家里人满为患未免有些轻描淡写了。莎拉因病只能卧床，病床占据了餐厅的大部分空间。前厅是4个孩子的卧室。地下室已完工的部分容纳了萨姆和他的6个孩子。5个孩子和保罗的小女儿挤在2楼的小卧室里（有两张双层床和一张单人床）。大女儿和孩子们蜗居在小阁楼。"除了浴室，其他房间都是卧室。"

即使保罗有残疾补助金，但这里有22口人要养活，家庭成员的生活已经跌到了日均2美元标准以下。他们试着给孩子们申请额外的食品券，但都没成功。工作人员说他们的居住安排是临时性的，不符合标准。事实上，如果保罗一家在申请福利时完全公开他们的情况，儿童福利机构可能早就来把孩子带走了。

有一阵子，保罗迟迟付不上一笔巨额水费账单。"高达 2700 美元。"水停了好几个星期。好在有个朋友"能给我们 5 加仑桶水，都是干净的水、洗碗水"。每周会有几次，孩子们拎着桶挤在货车后面，出发去不远处的朋友家。他们分工合作，灌桶、传递，一直传到车上，然后拎着桶爬上车启程回家。至于饮用水，"孩子们会去邻居家喝"。需要洗澡的话，有时"他们会去游泳池里洗"。为了冲厕所，保罗"拆开排水沟接在外面的垃圾桶上，下雨时圆滚滚的大垃圾桶就会被装满，我们一桶桶地拎上楼，然后就能冲厕所啦！"

保罗家里住了 22 个人，在连续 6 个月里，这家人吃了"很多通心粉、花生酱和果冻"。萨姆要用那种餐馆用的大平底锅来做意大利面。厨房的塑料货架安置在窗户下面，尺寸很不合适，架子和墙壁之间的空隙很大。货架上放着从食品分发点搜罗来的罐头，板子被压得摇摇欲坠。沿着狭窄的楼梯往下走，地下室只有一部分是完工的，住着萨姆和他的 6 个孩子。保罗一直是个有远见的人，他之前就在网上买了一个铸铁壁炉，专门预留了房间一角用于安装。他想着当遇上断电或大面积停电时，有了这个壁炉，不用花多少钱就能让地下室暖和起来。无论发生什么，不管冬天有多冷，他的家人都会感到温暖。

在地下室未完工的空间里，来自健身房的废旧储物柜里堆满了吃的。保罗认为大多数食品分发点给的谷物和面太多，肉和新鲜果蔬太少。他不想浪费任何粮食，所以将多余的大米、豆子、面条、面粉和一些不易腐烂的食物存放在各种容器——牛奶盒、果汁罐、水瓶和曾经放煤油、洗衣粉、洗碗液的塑料瓶中，以应对随时来临的困难时期。柜子旁边还有一个大号冷藏箱，塞满了十几盒速食土豆。

旁边还放了洗衣机和烘干机。洗衣机一开，保罗就会在旁边待上几个小时，他发明了一种耗时的节水技巧。"进入漂洗循环后，我用管子把水接到这些瓶子里，下次洗衣服就用瓶子里的水。这能节省一半的水费！我把瓶子挨个装满，我只要守着就行了，省下的水能够洗5次衣服！"停水的时候，后院的洗衣盆和晾衣绳就派上了用场。

保罗和一个朋友对彼此的境况都比较了解，他跟朋友聊道："还好大家都是夏天跑到我这儿来的，如果是其他季节，我们就得在室内忙活了。"保罗家右侧车道上有一张8英尺高的折叠桌，周围摆着各式塑料椅。车道一侧堆放着货车后座（移走车座，车上就能载更多小孩），另一侧是一张粉绿相间的儿童野餐桌，配有长凳，能多坐4个人。"这样很棒，要是有谁把牛奶弄洒了，直接拿着管子冲洗车道就行了。一般来说，吃一顿饭会有5个人打翻牛奶。"但这个办法也有缺点。"不知道怎么的，我们家太吸引老鼠了，社区所有角落的老鼠都被吸引来了。它们跑出来爬到桌子上……我翻出我的弹丸枪，我们对着老鼠练习打靶，很好玩！"

除了餐桌和一大堆废金属，后院的大部分区域都是菜园，长着"从别人扔掉的变质食物里结出的果实——黄瓜、西红柿、鱼翅瓜……都是从烂蔬菜里长起来的。我们种下烂土豆，然后在11月收获一批新土豆"。菜园里长出的新鲜蔬菜补充了食品分发点给的罐头、谷物和面食。保罗的大家庭想要生存就不能浪费任何资源，必须充分利用一切。

劳而无业

保罗算是在工作吗？截至2013年夏天，他已经有5年没有上班了，曾经他可是一位自豪的小企业家。有一项专门收集美国劳动力现状数据的调查，保罗在其中会被算作"非劳动力群体"。他没有工作，也不打算再找工作，部分原因在于他的健康状况已经恶化到了连行走和呼吸都困难的地步。

但要说保罗失业了也不准确。他一直忙着给废品站收集金属；忙着守在洗衣机旁接漂洗水，搭建排水沟收集冲厕所的雨水，开车到朋友家用空牛奶罐装干净的水；他忙着载孩子们去食品分发点，充分证明他们家有太多张嘴要喂；在不用奔波时，他忙着焊接那辆快散架的车，忙着加固家里要坍塌的地板。这些工作都没法在简历或劳动力统计数据中体现出来。但这位在官方看来"非劳动力"的美国人并不是一个"家里蹲"。

与本书其他贫困家庭相比，保罗一家的情况相当不错。保罗开始时拥有资产，尽管在比萨店破产后的几年里他几乎用光了赚来的每一分钱。他的房子虽然严重贬值，但每月只要还250美元房贷，就能依然拥有这个便宜的栖身之所。与大多数日均2美元式穷人不同，自2010年以来，保罗一直有固定的收入来源。在要养22口人的情况下，1025美元的残疾人补贴虽然无法让他脱离贫困线，但总比什么都没有强。这笔钱是一笔稳定的收入，是他能够赖以生存的保障。

因此相较其他日均2美元式穷人，保罗像个异类。就生存精神而言，保罗堪称模范。正如保罗和本章中出现的其他主人公所展现的，美国经济阶梯最底层人民的生存面临着重重困难。活着取决于你能否将自己仅有的一丁点儿资产转化为现金或商品，能否一边省钱度日、一边修炼"创业"技能，努力克服身无分文的苦难。

　　一般地，在具有代表性的大规模调查中（比如为本书提供数据的调查），被调家庭不会轻易向调查人员（通常是政府雇员）透露前文所述的生存手段及收入状况。一位带着孩子的母亲告诉调查人员她某个月的收入是 120 美元，但实际上可能有 180 美元，因为她捐了两次血浆，或者用 100 美元福利换了 60 美元现金。若想让这位母亲透露她从一位"朋友"那里以性换钱，她肯定会担心惹上法律麻烦。有些人可能只是忘了他们靠捡废品赚的钱，毕竟这种收入太不稳定并且利润太小。还有人，特别是那些无家可归或者不断搬家的流动人群，甚至不会出现在政府的大规模调查中，因为他们没有固定住址。若想真正了解日均 2 美元式穷人的生存状况，唯一的办法就是花大量时间与他们待在一起建立信任，然后仔细记录他们的生活。这种研究办法相当耗时，而且如果没有数百万美元的研究经费，不可能在大量随机样本中识别并追踪他们。但这正是描绘他们真实生存画像的唯一途径。

　　批评者可能会认为："在美国，任何一个日均收入低于 2 美元的人的手上都有他们没明说的资源。所以你们的研究不成立。"但本章的案例显示，无论是卖血浆、废品或性，有时的确会让日均收入从 2 美元涨到 3 或 4 美元。但这种"测算误差"远不及下面的事实重要：随着时间的推移，对调查人员表明身无分文的家庭的数量出现急剧增长。日均 2 美元式贫困儿童与凭借税收抵免政策脱离贫困线的儿童人数相差无几，而联邦纳税人已经为后者花费了约 660 亿美元。[13] 此外，一些穷人迫不得已采取的生存策略实际上反而减少了他们的资源。当珍妮弗·埃尔南德斯卖出 100 美元福利时，她也失去了 40 美元的购买力。

收入调查最能反映穷人的收入状况，可以证明有小孩家庭中极贫现象的加剧。[14] 补充营养援助项目的管理明细也能印证这一点，明细显示，除该福利外没有其他任何收入来源的家庭数量已经出现了急剧增加。此外，一些针对大城市的调查报告显示，从 21 世纪初开始，家庭收容所的床位需求一直在增加，[15] 而在经济大衰退之前，有应急食物需求的家庭数量也出现增长。[16] 但要证明日均 2 美元式穷人的存在及生存状况，最好的证据便是找到他们、刻画他们，正如保罗、珍妮弗、特拉维斯和杰西卡。这并不难，在全国各地都可以很快找到他们的身影。尽管我们并不希望，但这种零现金式贫困确实存在，而且还呈现增长之势。

一部分美国人的生活条件与地球上最贫困地区的人们相当，这是令人难以置信的事。由于我们的公共场所、私营慈善机构以及补充营养援助项目等非现金帮扶资源，上述贫困状况虽然不是完全没有，但也极为罕见。但有人可能会说，本书所描述的家庭不是已经经历了难以生存的物资匮乏状态吗？另外在美国，没有现金就意味着与社会隔绝，意味着与那些能让人摆脱绝望并继续前进的资源脱节。正如一位全球贫困问题研究专家所说的，美国零现金穷人的增多很可能"意味着一种实际意义和价值意义上的严峻贫困"。[17]

本书中的每个家庭都渴望有一份真正意义上的工作，而非本章所述的那些"工作"。但事实证明，正规劳动力市场上的工作越"危险"——工资低、工时少、排班不固定，卖力抚养孩子的父母们就越难以平衡生活。政府的援助网越薄弱，本章描述的"零散工作"就越普遍。若想了解非正规工作经济的状况，可以看看世界上最贫穷国家的真实情况。根据这些国家的经验，用无监管的非正规工作取代正规工作会陷入一种恶性循环，会将日均2美元式穷人不断推出主流社会，越推越远。事实上，我国的一些地区已经在这条道路上走了很远，下一章我们将对此进行解释。

第五章

另 一 个 世 界

密西西比河三角洲中部地区有一个约2000人的小城镇，玛莎·约翰逊就住在镇上。她一手抱着孙子，一手推开公共住房的纱门，站在低平的水泥门廊上迎接新的一天。站在这里几乎能望见她曾住过的每个地方。长满大豆的田野对面是她出生的农舍。就在街边的小砖房里，父亲把她和兄弟姐妹抚养成人。母亲在玛莎还小的时候就抛弃了他们。10年前（玛莎40岁时），她和小女儿的父亲分手了。自那以后，她一直住在这个社区里，她称为"政府项目"。[1]

玛莎凝望的那片田地是父亲干了一辈子农活儿的地方。她家离这块地很近，每当黄黑相间的飞机在黎明时分给庄稼洒农药时，都会洒到她家的房顶上。清晨，日出后的天空依然漆黑一片。在初夏的某些时日里，比如今天，玛莎偶尔还会看到地平线上的红色火焰冒出滚滚浓烟。农民们正在焚烧田地，为作物轮作作准备。在整个种植季节里，玛莎一家和邻居们都会抱怨得了"上呼吸道感染"，这是一种具备地区特色的病，当地人称之为"三角洲积垢"，他们认为这是耕作方式引发的，症状是喘不上气、恶心，有时还伴有鼻塞。

玛莎穿着薄帽衫和黑色运动裤，裤腿刚过膝盖，脚蹬一双耐克拖鞋。她身高近 6 英尺，身材健壮，皮肤黝黑，烫过的头发垂至下巴。她有一双大眼睛和一对浓眉，有着结实的下颌和灿烂的笑容。和朋友聊天时，她会用修长有力的双臂把 6 个月大的孙子抱到肩上。

玛莎是有稳定住址的人，这要归功于她的"第 8 章"优惠券。房租为官方现金收入标准的 30%，对于一个三口之家来说是每月 150 美元。6 个月前女儿阿罗娜的孩子出生后，三口之家变成了四口之家。玛莎回家后径直走向家里唯一的公共空间，前面是客厅，后面是厨房。前门旁边的窗户下摆着一张小折叠桌，上面精心摆放着蓝色和金色的奖杯。在玛莎的家乡杰斐逊市，"奖杯桌"是许多家庭的共同特征，当地学校会发各种各样的奖杯。阿罗娜刚刚高中毕业，她是班上为数不多的计划在秋天去上大学的学生，玛莎会帮她照顾孩子。玛莎说大部分奖杯是阿罗娜的，有田径奖杯、篮球奖杯、足球奖杯。阿罗娜继承了母亲的运动能力和强健体魄。但在阿罗娜看来，大部分奖杯都是在奖励那些最平凡的成就：表彰数学或阅读科目取得了优异成绩，甚至还有什么出勤率奖杯。她对这些并不感兴趣。

今天晚些时候，她将去参加毕业典礼彩排。现在她正忙着搬运昨天晚上和 12 岁的妹妹坎迪斯一起做的纸糊火山。阿罗娜自认为是做火山作业的专家。她小时候看过哥哥姐姐建造火山。轮到她做火山作业时，她很享受这个亲手制作的机会，看到小苏打和醋的混合物从纸山里喷发出来时，她怅然若失。昨晚，坎迪斯在家庭作业中挣扎了很久，后来索性放弃直接去睡觉了。阿罗娜很高兴自己熬夜完成了它。

玛莎、阿罗娜和坎迪斯组成的家庭关系十分紧密，她们在彼此有需要时热心相助。与许多极贫家庭不同，她们家有一种知足常乐的氛围。她们的生活并不宽裕，每月只有 150 美元的现金收入，但她们从彼此身上汲取的力量在一定程度上抚平了贫穷之苦。

在杰斐逊市，你随便向哪个方向扔一块石头，都能砸到日均收入低于 2 美元的人家。密西西比河三角洲地带是一个独立世界，有着独特的历史和社会环境。在罗伯特·肯尼迪 1967 年到访的近 50 年后，这里的贫困依旧。深入了解任一三角洲典型小镇的人都会为其状况感到震惊。首先是当地的贫困程度。在像杰斐逊市这样仅有数千人的小城镇里，贫困率远超 40%。[2] 全美儿童贫困率约为 20%，该地的数据是这个数字的 3 倍。在许多仅有几百人的小镇里，一般家庭的收入往往低于 20000 美元，儿童贫困率可能超过 65%。

三角洲拥有最富饶的农田，表层土壤深达 30 英尺。在过去，当地的种植园会雇用（最初是奴役）数千人。玛莎的邻居利内塔·威廉姆斯回忆说，在几十年前，只要你愿意工作，种植园主就会"照顾你"。尽管那时的社会也存在种种问题，但利内塔觉得过去才是更好的时代，人们无须担心住所，更不用担心没饭吃。现在就不一定了。

虽然这里的社会援助网络建设一直落后于全国其他地区，但抚养未成年儿童家庭援助项目在 20 世纪 60 年代中期就开始实施了。1970 年，该项目覆盖了约 30% 的贫困儿童，而全国平均水平接近 60%。后来随着全国福利权利组织打破了各州将黑人拒之福利门外的歧视性壁垒，这一数据很快实现了上升。到 1990 年，该州约半数的贫困儿童都得到了福利保障。[3] 在那些年里，没有收入来源的父母在绝望之际可以向福利办公室申请现金，他们依法享有获得现金的权利。许多人都这么做了。当时的现金援助网一直在运转，尽管规模不大。

自 1996 年福利改革以来，密西西比州的贫困家庭临时援助计划的参与名单大幅缩短，缩减幅度超过了大多数地区，这一情况令人错愕。1965 年，改革前的福利为 8.3 万居民提供了帮助，这一数字在高峰期增长至 18 万人。然而到了 2002 年，改革后的福利仅为 4 万人提供了帮扶；截至 2014 年秋季，该数字进一步下降，全州范围内只有约 1.7 万人获得了福利，占该州人口的 0.6%。[4]

总而言之，密西西比州和全国其他地方一样，是一个现金援助网络几乎消失的地方。现金援助的消失为本书所展现的贫困现象的急剧增长铺平了道路。然而，三角洲地区以及集中在南部腹地、阿巴拉契亚农村和半农村地区的独特之处在于，在福利改革及新就业规定启动时，当地低教育水平人群所享有的工作机会实际上已经不复存在了。

福利改革和随之而来的变化让单身母亲在低薪的危险世界中任人摆布。长期以来，尤其是进入农业机械化时代以来，当地的工作机会一直比全国大部分地区少得多。[5] 在几十年间里，三角洲中部地区的失业率持续远超全国平均水平。即使是在 20 世纪 90 年代末的历史性经济扩张期间，情况依旧如此。近年来的失业率尤为令人震惊。2014 年上半年，超过 10% 的处于失业状态的成年人正在谋职（全国数据为 6.3%）。在最近一次统计中，正值壮年的男性中有超过 35% 的人要么失业，要么完全脱离了劳动力市场，全国的平均数据仅为 20% 多一点。[6]

南部腹地和阿巴拉契亚各地区"经济自由落体"的成因不尽相同。肯塔基州东部是因为煤矿业的崩溃。机械化农业的发展，包括高科技技术、自动拖拉机和联合收割机的使用，使得三角洲地区农业部门需要的劳动力大幅减少。一些机器完全实现了自动化，人们常常打趣操作员都可以在机器开操的间隙打个盹儿。但操作机器需要数学和计算机技能。因此对于高中辍学者来说，农业并不是一个切实可行的职业选择。特别是对于在三角洲地区接受教育的人而言，毕竟当地的多所学校都被州政府评为 C、D 或 F 级。

身怀技能的非裔美国人却对农业持较为反感的态度，因为许多人的祖辈曾在同一片田地里被迫劳作、忍辱负重。一位种植园主称，要想获得足够多的熟练工人进行种地、管理和收获，唯一的办法是从南非引进。但仅一个种植季节，对有高等教育背景的外来务工者的工资支出（时薪约为8美元，每周40至60小时）就比他们一整年的收入还要高。

在以城镇市场为主的超市里，比如达乐超市（Dollar General）或快步超市（Double Quick），你或许能打上几个小时的工。虽然一些大城镇偶尔会有沃尔玛或克罗格超市（Kroger），但它们提供的全职岗位都很少。一小部分低技能工人可以在市政大楼或学校里找到工作（当食堂员工或校车司机），监狱里的犯人有时也会被安排到这里做些维修和清洁服务。大城镇偶尔有工厂工作机会，但最近的地方也得开车半小时，大多数人都太穷了，买不起车也维护不起。如果你能进赌场，或许能在里面的酒店里找到打扫房间的最低薪工作。但即使是这种活儿现在也越来越难找了。随着对赌客的争夺日趋激烈，三角洲地区的赌场业务日渐萧条。越来越多的赌场在孟菲斯市附近涌现，那里是三角洲大部分有钱人居住的地方。总而言之，最热切的求职者也会对三角洲地区的就业形势感到无望，渴望找到一份全职工作的求职者更是如此。

奴隶制、种族歧视和种族隔离制度的遗留影响仍然很深。杰斐逊等地的社区几乎都有"两面性"——一面白，一面黑。一面是庄严的红砖房，掩映在古老的橡树之下，搭配着精心修剪的草坪、开阔的木兰树和团团簇簇的紫薇花。另一面摇摇欲坠。木房子旁边的破拖车歪斜地停靠着，可能已经彻底报废了，后院里有坍塌的车库、废旧电器和破车，狭窄的门廊里扔着旧凳子和脏椅子。车辆驶过，空气中弥漫着灰尘。小镇两面的鲜明对比并不新鲜，一直以来都是如此。

在这些城镇里，许多建于一个世纪前的老街上几乎空无一人。杰斐逊市中心尚存一些活力，但在道路尽头的另一个小镇上，红砖建筑群引人注目，工作日下午的街道上一片静谧。在小村庄里，黑人老者在旧货店的门廊上打牌消磨着午后时光，和小镇熙熙攘攘时一样。废弃学校的残骸之下空空如也，窗户破烂、屋顶下垂、杂草丛生。阳光透过碎玻璃照进教室，光线铺在一个鸟巢和躺在地上的旧课本上。在多数城镇里，曾经储存棉花的仓库庞大、空旷又丑陋，过去的"棉花大王"现在必须与劣质大豆、制造乙醇的玉米竞争。

三角洲的医疗保障也是全国最差的，有的城镇甚至没有救护车。[7]当地人说，如果你想把亲人送到医院，你必须自己开车到城边与邻镇的救护车会合。如果你家没车可就麻烦了。尽管犯罪率很高，有的小镇却没有配备一名警官。毫无疑问，这些情况直接扼杀了当地经济增长的可能性。企业不可能在一个劳动力欠缺经验、工人可能是文盲的地方落户。哪家公司能说服管理人员搬到这里来呢？

这些三角洲小城镇，连同南部腹地和阿巴拉契亚人口稀少的农庄、废弃工厂小镇，包含了不成比例的日均2美元式贫困人口。[8] 这些地方长期以来一直都是美国最贫困的地区之一，也是几代政客"扶贫之旅"的重要一站。

当地居民从福利或就业中获得收入的合法途径越来越少，在非正规经济中赚钱的机会也不多。该地区最大的城市没有血站，倒是有几个废品收购站。芝加哥等富裕城市常见的慈善机构在这里也不见踪影。许多公共场所业已年久失修。对于小镇居民来说，哪怕当地的贫困已触目惊心，最近的食品分发点也在数英里之外。杰斐逊市的公共图书馆由废弃的铁路车厂精心改建而成，馆内只有几本过时的畅销书和几台电脑。在放学后的黄金时段，图书馆都无人问津，还隔三岔五地因为资金短缺而闭馆。

"两美元过一天"的新贫困人口与经济长期停滞的旧贫困现状相互交融，整个地区都陷入了资金匮乏的境地。在三角洲这样的地方，贫困对于社区层面的影响是巨大的。非正规经济取代了正规经济，将日均2美元式穷人、普通穷人，甚至是那些经济状况稍好的人错综复杂地交织在一起。非正规经济遍布于客厅、停车场、克罗格超市的收银台，出现在那些成功幸存下来的合法企业中。在最好的情况下，非正规经济会催生出相互依存的纽带，激励着条件稍好的人去帮助陷入困境之人，体现出人心之善。但在最坏的情况下，新旧贫困的交融会扭曲人与人之间的关系，将社会最底层的人置于被剥削境地。

除了拥挤的奖杯桌，玛莎的房子整洁、干净而简陋。家里只有一个双人座椅和一张长沙发，墙上挂着十几张全家福。作为一个养着两个青少年和一个婴儿的家庭，这里既没有应有的布置，也没有想象中的杂乱。最引人注目的是那张将厨房与卧室隔开的木餐桌。除了每月从坎迪斯父亲那里拿的150美元抚养费，玛莎似乎再无其他合法收入途径，他们是如何生存的呢？答案就在这张桌子上。桌上整齐地摆放着各种各样的零食，有的还装在编织篮里。零食不多，有一打薯条、一些樱桃味和葡萄味的棒棒糖和其他糖果。旁边冰箱里冻着几十个盛满饮料的纸杯，杯子上用胶带粘了小棍子。整个上午，玛莎都在检查饮料是否已经冻得足够硬，确保棍子能立住。

上午 10 点左右，第一批顾客登门了。一位身穿白色背心、牛仔短裤和白色运动鞋的父亲正在给他的两个女儿买零食，他想买的 50 美分一杯的纸杯冰棒还没冻好。冰箱里倒是还有昨天没卖完的 1 美元一杯的泡沫杯冰棒，但他浑身上下只有 1 美元，以及两个眼巴巴的小女儿，所以他必须过一个小时再来买。在接下来的 13 个小时里，类似的场景一遍遍上演。顾客敲门、玛莎邀进门。有时父母陪着孩子来，有时孩子自己来。大多数孩子都会带着特别的礼物离开。

玛莎的商业模式很简单：批发进货，再以翻倍价格出售。冰棒的利润最高，毕竟只需要饮料、冰棒棍、纸杯和泡沫杯。夏天时，社区的孩子们整天在附近玩耍，玛莎便会丰富货架，供应些酸黄瓜和腌猪蹄。食材充足时，雄心勃勃的玛莎还会上架猪肠，这是一种用猪小肠制成的当地美食。

在经济不景气的三角洲，玛莎·约翰逊摸索出了一种生存手段，无论是从现金收益还是从维护自尊的角度而言，她远胜附近的大多数人。正如《圣经》的寓言*，玛莎没有把她的财宝埋在地下，而是将他们一家从政府

---

* 　在寓言中，一位主人在远行前把他的财宝分给三个仆人保管。其中两人把财宝用于经商，并且使其价值翻倍；第三个人把财宝埋在地下。经商的人得到了奖励，第三个人受到了惩罚。

领来的福利投资到一个小企业中。这份投资让她即使处于极不稳定的经济形势下，也能为家人提供最低限度的体面生活。整整 10 年里，玛莎靠着卖冷冻饮料和薯片建立起了自己的事业。

对玛莎而言，现金绝对是生活必需品。最高昂的账单来自水电费，每月平均约 250 美元。玛莎患有哮喘病，她需要一部手机以备不时之需。买不起智能手机，玛莎只有一部普通翻盖手机，每月开销 25 美元。她必须保障孙子能穿上尿布、喝上奶粉，让参加过 3 个赛季比赛的运动小将阿罗娜穿上运动鞋。她还决意为女孩们买校服，确保浴室里有牙膏、卫生纸和洗衣皂。凭借着店里的微薄利润，再加上阿罗娜的男朋友——被玛莎称为"我的天使"的沃尔玛兼职员工——提供的一点点帮助，玛莎一家得以实现收支相抵。玛莎的小店一天运转 13 个小时，收入可达 20 美元，每小时收入不到 1.5 美元。如果每天的经营情况都不错，月收入能达到 600 美元。小店的月净收入通常为 400 美元左右。

从许多方面来看，对于因病无法坚持上班但又没有病重到有资格领取伤残津贴的玛莎来说，在自家前厅经营小店算是一份完美的工作了。在三角洲地区，即使不在农药喷洒范围内生活，多数穷人的健康状况也不乐观。玛莎家里的另一个"奖杯台"是她的床头梳妆台，上面 8 个药瓶站成一排。两个是治高血压的，两个是治焦虑症的，一个是治疗脚腿血栓的，等等。她之前去社保局申请伤残津贴时遭到了拒绝，他们说她的健康状况足以胜任酒店女佣的工作。哪怕附近根本没有任何酒店。即使她能去酒店，女佣工作对玛莎来说也不现实：站上 20 分钟，她的脚就会肿得像葡萄柚。

和杰斐逊市的很多居民一样，玛莎没有车。这里也没有公交车或任何形式的公共交通工具。除了快步超市、达乐超市、一家小餐馆和商店，镇上没有其他地方卖杂货。玛莎必须去一个 20 分钟车程远的稍大的城市进货。至于交通工具，她得依靠住在同一条街上的邻居"克拉克小姐"。她们外出的第一站是去找当地屠夫，他兜售猪蹄和猪肠，接着再去沃尔玛或克罗格超市。

多萝西·克拉克是住在三角洲的普通穷人，靠着伤残补贴维持着日均 2 美元式的贫困生活，为了抚养 3 个孩子而努力奋斗着。克拉克把她的面包车当"黑车"来赚钱，作为福利的补充收入。她载着邻居们在城镇之间来回奔波，乘客们要用现金或福利卡付 30 美元车费。在教会开展慈善活动期间，克拉克也会免费载人。作为教友和挚友，玛莎是克拉克慷慨解囊的受益者。若不是多萝西·克拉克的善举，玛莎店里的利润率会低得可怜。

黑车行业的其他从业者更为强硬。在几英里外的珀西镇，洛丽塔·珀金斯开着她的"小破车"把乘客们送去目的地，她在索要车费方面从不失手。"我们直接去加油站，让他们把油箱给我加满，要不然他们休想上我的车。"除了周二她每天都有时间。她称周二为"全国公路巡逻日"，这一天路上的巡逻车最多。帕金斯小姐从不在周二上路，因为她的车无牌、无险、无照。

在这些城镇的非正式经济体系里，大多数参与者都很穷，比如克拉克。但也有人比他们更穷，比如玛莎。有人有一点现金，但没有多少福利；有人每月能领大量福利——虽然不一定足够度日——却没有一分现金。这两类人都可以通过福利交易受益，尽管这里的交易策略与芝加哥北部略有不同。在这里，大家知己知彼，要想找一个手头有现金但缺福利卡的生意伙伴，如同去隔壁找邻居一样简单。在一场交易中，手头有现金的人能以半价买到杂货，也就是说 1 美元福利的现行汇率仅为 50 美分现金。而在那些交易活动不频繁的地区，汇率则为 60 美分。以福利换现金的一方可能会对汇率感到不满，但由于当地经济中的福利太多、现金太少，这里俨然是一个买方市场。

在珀西镇，阿尔瓦·梅·希克斯抚养着 10 个小孩，还有另外 3 个稍大点的青少年。她断断续续地在酒店做

　　　　　　　　　　　两美元过一天

过几年服务员，每天都要坐班车去格林维尔镇。在过去的 10 年中，她一直没有正式工作过。如今，她负担不了照顾所有孩子的开销，更不用说每天 15 美元的班车费了。有这样一个大家庭要养，阿尔瓦·梅必须在卖福利之外再想想其他办法。就在去年，她想出了一个新策略，有望填补一点缺口。

为了补贴低薪工薪阶层，联邦政府实施了税收抵免政策。阿尔瓦·梅由于没有工作无法申请。她的几个亲戚倒是都有工作，但他们没有小孩，不符合政策要求。最近，一个亲戚提出想用 500 美元买她一个孩子的社保号。阿尔瓦·梅随后又将另外两个号卖给了其他亲戚，为这个 21 个人的大家庭赚了 1500 美元。这些亲戚用买来的社保号作为被抚养人账号，在纳税时"带上"这些孩子，便能领取他们和阿尔瓦·梅原本都没资格享受的退税。去年，阿尔瓦·梅用这些交易的收益买了辆二手车，主要是为了方便去附近镇上的食品分发点。但没想到这是一笔糟糕的投资。两个月后车就坏了，阿尔瓦·梅也没有钱再去修。

我们不知道这种交易在三角洲有多普遍。在另外三地（芝加哥、克利夫兰和田纳西州约翰逊城），没有一个家庭承认在纳税时出售过孩子的社保号。但通过与三角洲中部地区居民的交谈，我们认为这种现象并不罕见。"买孩子"的人往往比"卖孩子"的人赚得多。一个领取最低工资的单身人士如果申报有两个孩子要抚养，他的退税额就能达到 5000 美元以上。三角洲的案例说明，当地的工人和非工人、父母和非父母在纳税季来临时可以共享一笔意外之财，一笔面向贫困工薪有小孩家庭的巨额退税。

正规经济，影子经济

在通往珀西镇的高速公路岔路口，坐落着小镇最繁忙、最臭名昭著的一家店。萨尔瓦托酒吧由 20 世纪 70 年代流行的红砖和玻璃打造而成，老板是白人。酒吧附设一个已停业的便利超市，以及两个不再运转的加油泵。加油泵和便利店已荒废许久，它们是沿高速公路蓬勃发展的快步便利店的牺牲品。酒吧是镇上最受欢迎的社交场所，特别是在日落之后，方圆数英里的居民都会涌向这里。萨尔瓦托夫妇生意兴隆，他们的酒在店内外均可消费。

白天，数百个酒瓶从主干道的深壑里反射出阳光，有时瓶堆高达一英尺。政府偶尔（其实很少）会施加压力，店主便会清理下周边环境。萨尔瓦托控制着镇上仅存的 3 家店铺之一，以及小镇周边几乎所有的出租房。

　　　　　　　　　　　　两美元过一天

在这种情况下，政府很难真的要求他做些什么。一位居民甚至认为"整个珀西镇都是他的！"

萨尔瓦托出租的房子是一套世代相传的佃农棚屋。他把棚屋从田里拖出来，垒在主干道旁。每间棚屋都经过一定程度的修缮。但据一位前租户说，屋里仍然有一股发酵了几十年甚至一个世纪的腐臭味。每月200美元就能租到这种房子，150美元的话可以搬进萨尔瓦托四处搜集来的拖车房，但那里几乎无法居住，有的甚至没有热源。这些棚屋和拖车房围绕在城镇入口的岔道周边，宛若一条破项链。相比之下，阿尔瓦·梅·希克斯和洛丽塔·珀金斯住的"第8章"项目房就令人满意多了，尽管周边也是杂草丛生、破败荒废。

珀西镇的另外两家店铺由萨尔瓦托的亲戚经营。珀西餐厅里有一张木桌和4把金属椅，塑料座椅靠在饮料冰柜旁，里面放着听装的可口可乐。冰柜为餐厅带来了唯一一丝现代气息。卡罗尔小姐负责为几乎全是黑人的顾客点单，迈克先生在烤架旁为顾客制作汉堡和费城芝士牛排。

餐厅斜对面是瓦伦丁杂货店。店铺的白人老板曾担任过近30年的珀西镇镇长，后来在一次选举中输给了曾经给他扫地的黑人。瓦伦丁会在午餐时间供应热狗、三明治、苏打水、薯条、纸杯蛋糕和巧克力派，架子上的面包随时供应。在瓦伦丁，任何使用福利卡的顾客都必须格外小心。据一些当地人说，如果顾客没留心，瓦伦丁先生便会在扣费时给他自己买点东西。

当然，即使有人抓到了瓦伦丁老板盗用自己的福利卡，他们也无可奈何。因为珀西镇没有警力。此类违法行为甚至不会被治安办公室受理，毕竟他们有太多暴力犯罪等着处理。几年前，珀西镇试图从附近一个较大的镇上聘请一名马上退休的警察，请他兼职负责珀西的街道巡逻。当地居民说，这位新警官巡逻了一个晚上后就召集市议会开了紧急会议，询问官员"你们想让我按哪条法律执法？"警官称若要他全面执法，那么他非常肯定大多数居民都将在本周末前被监禁起来。在得到市议会的指导意见后，他又上街巡逻了一晚，次日便辞职了。

傍晚时分，如果又恰逢周末，萨尔瓦托酒吧的停车场上会塞满卡车和收音机。人们来这里喝酒、跳舞、打台球。这是周边唯一的娱乐场所。据附近居民说："这儿就像一个足球场，每个人都来转悠。大家各玩各的，所有人都在跳舞。车停在一边，酒瓶到处飞，四面八方的罐子摞成一堆。"莎妮·罗宾逊住在萨尔瓦托的一辆拖车里，就在酒吧对面的一个小河口。她说停车场上充斥着"毒品、口交这样的肮脏事儿"。但对于一个急需用钱的母亲而言，尽管她在白天受人尊敬，但当她必须支付生活账单时，萨尔瓦托酒吧便成了她与嫖客幽会逍遥的主要场所。

萨尔瓦托酒吧并不是特例。在当地的角角落落，正规经济与影子经济缠缠绵绵、难以区分。玛莎·约翰逊的小店虽然有不少优点，但仍是一个非法企业。用福利卡进货时，玛莎在犯罪；没向住房管理局（更不用说税务局）坦白自己的"收入"，是在犯罪；无照经营更是犯罪。多萝西·克拉克和洛丽塔·珀金斯经营着黑车业务，后者的车无牌无险，她自己甚至都没有驾照；阿尔瓦·梅·希克斯每个月除了卖福利，还卖孩子的社保号，诈骗税务局。

然而，与镇上的许多合法交易相比，这些活动甚至更符合传统道德。我们无从得知瓦伦丁夫妇是否真的一有机会就骗取别人的福利，但堆砌在深壑里的酒瓶真切地向路人宣示着老板对顾客的蔑视。萨尔瓦托酒吧"合法"的台球厅和停车场才是珀西镇上最肥沃的罪恶土壤，萨尔瓦托先生更是个臭名昭著的贫民窟业主。当然他的房子确实便宜，但当你踏入其中，你一定会怀疑它们是否值得付出一分钱租金。

当一个缺钱的地区形成了能取代正规经济的影子经济体系，当两者交融到几乎难以区分的地步时，会发生什么？一个地区要纠正发展路线，回到有章可循的正规经济体系中就那么艰难吗？过去，贫困与恶劣的剥削经济联系在一起，但那时还有工作机会。后来，现金托底网络确保了有小孩家庭能生活在基准之上。现在，既没有工作，也没有现金。一个长期挣扎在贫困泥潭的地区又遭遇了最严重的新式贫困。

在贫困中长大

在阿尔瓦·梅的女儿塔比莎·希克斯读六年级时，"为美国而教"（Teach for America）的一名成员被分配到她的班上。马克·帕滕从东海岸一所著名大学毕业后获得了一份高薪咨询工作，但在上班前的最后一刻，内心深处的声音告诉他去别处追寻梦想。

在帕滕老师班上读六年级的经历与其他学生相比是迥然不同的。塔比莎留恋地回顾着那段时光："通常来说，随便哪个老师都可以给你打分。如果你愿意做老师的跟屁虫，你就能轻松拿到100分。但在帕滕老师那儿，你必须得完成作业和其他任务。我还挺喜欢这样的。"帕滕老师也是第一个注意到塔比莎不对劲的人。"我上六年级时，身边发生了许多事，我在课堂上根本没法集中注意力。我也在上课，但感觉就像……可以说我根本看不见！因为我没有眼镜啊。"

有一天晚上，11 岁的骨瘦如柴的塔比莎正站在炉子前为弟弟妹妹们做通心粉，帕滕老师敲响了门。塔比莎左手抱着一个小孩，另一个坐在旁边的高脚椅上，蹒跚学步的那个正在沙发上睡觉。另外 6 个孩子大一点，年龄均相差 1 岁左右，正围着炉子等着开饭。妈妈出去跑腿了，塔比莎负责看家。老师怎么会在这个时候来呢？"我当时很尴尬，因为家里有很多小孩儿，而我正忙着做饭和搞卫生。我把一个孩子放在髋上，让另一个弟弟去开门，弟弟边跑边喊'有一个白人在门口！'我当时想能是谁呢？我走到门口，发现竟是帕滕老师！"

在这次家访前，帕滕老师一直提出想来家里见见她妈妈，但塔比莎回避了好一阵子。"他一直说要来，因为我的成绩很差，他想见我妈妈。我一直在找借口，比如说我妈不在，她要出城。她老出城，她永远不在家！老师来的时候我妈妈真的不在家。我把宝宝挂在身上，不想让他进来！"

塔比莎最终还是把老师请进了门。令她惊讶的是，在短短几分钟内，所有弟弟妹妹都因为帕滕老师的到来而感到了温暖。"我让他进来，他好像非常自然。他坐在沙发上和小孩子们玩玩闹闹的，这太不一样了！大家都很喜欢他，跳到他身上，他们就这么玩到一块儿了！

他说我看不见黑板，所以要带我配副眼镜，他说这样的话我就能在课堂上集中注意力了。他又和我谈了我的人生理想……我本来以为他不会跟我说这么多的，毕竟我就像个照顾小孩的保姆。我妈妈有这么多小孩，我以为他很不看好我。"

在塔比莎的记忆中，从来没有一个白人跨进过他们家的门槛。这个白人的行为完全出乎她的意料。"珀西镇也有白人，虽然不多。但能遇到的那些，都是那种……他们瞪着你的样子就像是在瞪着调皮的小屁孩儿！"塔比莎在与瓦伦丁老板的来往中对白人建立了了解。"他有时会很友好，但前提是你向他展示出了你受过教育……他不会喊我弟弟的名字……而是'喂，小孩！'他会说'小孩'，我弟弟则会回答说'我的名字叫斯蒂芬'。"

尽管多年来，甚至几代人以来，大家都相互认识，但镇上的白人和黑人之间却鲜少打交道。因此，对于11岁的塔比莎来说，帕滕老师的行为实在令人费解。"我戴着眼镜回到家，妈妈和大家都挺高兴的。然后帕滕老师和我走得更近了。他开始带着大家去看牙医什么的，还有眼科医生，是带着我所有的弟弟妹妹们去的！他就像是，他会关照每个人！我们会和他聊我们的生活，会告诉他我们遇到的问题，甚至妈妈有时也和他通电话。

　　　　　　　　　　两美元过一天

他（那样的人）居然和我们家走得这么近，这种事在这儿可太罕见了！"

越走越近，帕滕老师发现塔比莎的近视只是这个家的冰山一角。对于他年幼的学生而言，贫穷就像套在脖子上的磨石。贫穷最明显的症状就是"拥挤"。塔比莎的父亲有 5 个孩子，在塔比莎出生后不久，父亲就搬去了比洛克西市，在那里的石油钻塔上工作。阿尔瓦·梅在塔比莎 3 岁时爱上了一个比她年轻许多的男人，克利夫当时只有 16 岁，而她 26 了。克利夫生性暴戾，吸毒成瘾，在当地一个种植园里当农工。他几乎完全控制了阿尔瓦·梅。多年过去了，阿尔瓦·梅为他生下了 8 个孩子。在塔比莎 10 岁时，家里已经有 13 个小孩了。后来几个大孩子离开了家，组建了自己的家庭。但由于经济困难，他们每隔一阵子就会回来，有时还带着孩子或情人。法庭判克利夫每周支付 107 美元的抚养费，但他只是偶尔遵从下规定。除此之外，阿尔瓦·梅和孩子们没见过他的一分钱。克利夫很残忍，他自己的孩子都讨厌他。他经常殴打阿尔瓦·梅，打得她满脸鲜血。他赤裸裸的控制欲给家人带来了无尽的心理创伤。他在别处还有住处，但他经常待在这个家里。

在塔比莎六年级到九年级期间，只有阿尔瓦·梅和 10 个孩子有住在政府补贴房里的合法权利。但房子里挤了24个人。"这是个三居室，"塔比莎说，"所以挺不容易的，基本上你能睡哪儿就睡哪儿。有人睡在沙发上，有人睡在地板上。床上能睡我们8个人，但屋里只有两张床。所以真的很困难。妈妈会把被子盖在我们身上让我们睡床。床靠在墙边，我们堆在床上直直地躺着。我们尽量不去抱怨，我们目睹着妈妈所经历的一切，这很痛苦，对她来说很压抑，所以我们尽量避免提起。"

帕滕老师的出现震撼了塔比莎的世界。他会在某天来到她家，带大家去看眼科医生，为她的弟弟妹妹们安排就医和牙科预约。有一次放春假的时候，他和其他几位"为美国而教"的老师组织学生们一起去华盛顿游学。"那是我第一次离开三角洲。第一次离开三角洲就去了华盛顿。很多人都没出过三角洲，可以说学校里的绝大多数人都没有。我们一行15个人，这太令人兴奋了，我太高兴了……不过我妈妈有点迟疑，'你说什么？你要和那些白人一起出城？'她信任老师，但她仍然很紧张。"

就在他们启程之际，老师才发现几乎所有的孩子都没有能换洗的衣服、内衣或袜子。多亏了一些慷慨的捐赠者，老师们去了最近的沃尔玛，为孩子们采购了一周所需的生活用品。塔比莎的行李比其他人更少。"挺有压力的，我觉得每个人都会看不起我。我不想让别人知道我们家没有衣服，就像我妈妈说的，'家丑不外扬'。我们……并不是真的没有衣服，只是一遍遍地穿同样的校服而已。这对我来说很正常。我知道这不是什么好事，但我已经习惯了！"

这趟旅行是塔比莎成长过程中的亮点。"好兴奋，我们坐飞机了！还看到了白宫、华盛顿纪念碑……真是太酷了，很多白人都会跟我们说话。"白人友好地称呼她和其他孩子，这一点令他们惊讶极了。在这趟旅程中，许多孩子第一次看到了电梯。起初一些小孩不相信门后的箱子真的能把他们从一个楼层送到另一个楼层，还以为老师在开玩笑。

旅行要结束了，莫名的忧伤笼罩着这群六年级的学生。登上飞机时，"每个人都在生帕滕老师的气，因为我们觉得他把我们一路带到这里，让我们看到这一切，然后现在又要带我们回到一无所有的三角洲？"一旦回到家，就回到了原本的生活。"每天醒来就是找吃的，身边还躺了 7 个人。我们七八个人睡在床上，其余的睡地板。有时电灯一两个星期都不亮，然后感觉……感觉很饿。"

饥饿是什么感觉呢？塔比莎停顿了一下，接着说道："说真的，那感觉就是你真的想去死，因为死了就舒坦了。看着弟弟和其他孩子哭着醒来，他们哭着说不想再遭受这些了。我妈妈也说她不想再经历这些了。真的好难啊，很多日子你都是在黑暗中醒来的。就这样过了两个星期、三个星期，没有灯光、没有暖气、没有空调。当福利日再次来临时，我妈妈卖掉福利，才能让灯重新亮起来。"

塔比莎的七年级时光，也就是华盛顿之行的后一年，是在饥饿中度过的。八年级、九年级也是如此。终于，十年级那年，一个机会出现了。她的体育老师在社交网络上给她发信息，说已经关注她很多年了，一直在等她"成熟"，"从你很小的时候开始"。他想在放学后邀请塔比莎来他家偷偷见面。他承诺会给塔比莎提供食物。

塔比莎对老师的提议深感矛盾。接受它，就意味着能在晚上睡个好觉，不必忍受饥饿之苦，不必因为饥饿而辗转反侧掉下8个人的床，然后被迫睡在从垃圾箱里捞出来的地毯上。顺从体育老师，她在学校里还能集中精力学习吗？她很害怕让帕滕老师失望。

在珀西镇，传统道德观常常会遭到颠覆，这让塔比莎进退两难。这个小镇的大多数成年人都声称自己敬畏上帝，这似乎是理所当然的事。但是瓦伦丁先生，这个现任老板、前任镇长、曾经的人民公仆为了显摆自己，经常对着塔比莎的弟弟们大声吆喝着"小孩"。塔比莎该如何看待这件事呢？她的隔壁邻居会在浸礼会教堂唱诗班里唱歌，但大家都知道，每当家里急需用电时，这位邻居会在周五（农场工人的发薪日）步行半英里去萨尔瓦托酒吧。应酬过后，她会和某个男人一起消失在一辆破卡车里，卡车沿着公路缓缓开走。45分钟后，卡车回到停车场，尘土飞扬。她从副驾驶下车，理顺头发，整理衣服。一次、两次，只要能付上电费，她不介意这么做。

塔比莎该如何接受这样一个事实呢？她的老师，一个被教导要尊重的角色，在放学后对她投去了性的特别关注，告诉她可以通过性换取饱腹感。如果一个老师都认为这不是问题，那这事儿能错到哪里去呢？何况，她能对老师说不吗？

塔比莎颤抖着，回忆起那段持续了7个月的来往。"他说他早就关注我了！关注我，从我还小的时候就开始了！就像我是他的孩子一样！他一直在关注我。"最后，塔比莎满怀愧疚地找到了帕滕老师，那时他已经不在学校教书了，但在结束了"为美国而教"项目后，他选择留在三角洲。塔比莎告诉了他所有事，她很自责。帕滕老师试着开导她，一个16岁的孩子绝不能同意与一个成年人发生性关系，尤其对方还是一个老师。

在帕滕老师的指导下，塔比莎向校长和检察官举报了体育老师。起初什么事也没有发生，后来在帕滕老师的坚持下，体育老师被免职了，尽管学校又给他安排了其他工作。到目前为止，检察官还没有提起刑事诉讼。事实上，检察院根本就没作出任何回应。塔比莎还有4个妹妹，她们将进入塔比莎的高中。一想到那个男人可能还会在她们之中寻觅下一个受害者，塔比莎就夜不能寐。

阿尔瓦·梅和10个孩子构成了"官方认定"的福利领取之家。他们每月能拿到1600美元的食品券，却没有可以付水电费和买衣服的现金。在过去的6个月里，当地的温度从零下12度变成了零上43度。显然，电是供暖和制冷的必备品。每个月的13号是福利卡充值的日子，大家总能在这天感到庆幸。但生活账单只能用现金支付，这种轻松的感觉稍纵即逝。当被问及每月的福利能卖多少钱时，塔比莎会回答电费有多少他们就卖多少，电费有300，他们就用福利换300（按照三角洲的汇率，600美元的食品券才能换得300美元的现金），如果还有其他账单要付，他们就接着卖。但食品券经不起这种开销。

不知何故，18岁的塔比莎总能跳脱现实，感受到一种道德上的愤慨，而不是认命。她依然很瘦，这是她和兄弟姐妹们在多年的穷人生活中付出的代价。当被问及每个月的食物能果腹多久时，塔比莎说："只有一两个星期。如果我们每天只吃一顿，能吃一周半……弟弟妹妹们挺难受的，小弟小妹在房里一直哭。挺可悲的，他们哭是因为他们把自己的生活和别人比较。甚至很多小孩都希望自己死掉。真是可悲啊，我大哥去世的时候，所有人都崩溃了。我的小弟感叹'真希望我是迈克，死的人是我'。"

塔比莎 16 岁时，大哥迈克 22 岁。一天迈克去田纳西州诺克斯维尔看望他们正在服兵役的大姐。在一个周六，"他和朋友决定去玩悬崖跳水。我们看了当时的视频，他们只是觉得那里很好玩，他们很开心。那悬崖在一条河上，以前是公园，河底下有很多岩石"。

说到这里，塔比莎停顿了一下，压低了声音，仿佛要透露一个秘密。"我觉得他当时很开心、很快乐，我也是这么告诉我的弟弟妹妹的。我不想让他们觉得他们也该学着迈克去那里，去做任何伤害自己的事。你问我真实的想法吗？我觉得迈克是故意的。是的，因为在视频里，他跳下去之前先走到一个角落里做了祈祷。他朋友还问他在那里做什么祷告。迈克把手放在一起，然后跑了起来，跳了下去，他的身体飘起来了。你看看，他穿着一件白衬衫，他就这样死了。"

人们可能会认为，迈克的死或者体育老师的骚扰是塔比莎年轻人生的低谷。但她说，真正的低谷与克利夫有关。那是她初三的秋天，阿尔瓦·梅和克利夫在吵架，塔比莎为了保护妈妈介入了战争。"我像往常一样插手，我说'你不能打她，不能在弟弟妹妹面前打她！'我觉得这会让女孩们以为男人爱她们的方式就是对她们动手动脚。克利夫推开我，用枪指着我的头说要杀了我。"

趁着克利夫的注意力转移到塔比莎身上，阿尔瓦·梅逃去了萨尔瓦托酒吧，克利夫立马追了出去。塔比莎和弟弟妹妹们保持着安全距离跟在他后面，一心想着保护妈妈。追到酒吧，克利夫嚷着要把阿尔瓦·梅打得头破血流，几个客人拉开了他。克利夫向阿尔瓦·梅下了最后通牒。"克利夫对我妈妈说：'你需要作出选择，选我还是选塔比莎？今晚之前，我们之间有一个人必须离开。'我妈妈说：'好吧，塔比莎，你去和你朋友住一段时间怎么样？'"妈妈选择了克利夫而不是她。"当时我就知道她是什么意思了，我崩溃得大哭。"

塔比莎无家可归了。帕滕老师在孟菲斯市找到了一所有奖学金的寄宿学校，帮塔比莎申请了名额。1月，在她第一次接受我们采访时，她已经住在孟菲斯了。她拥有了一张可以独自睡觉的床，一个室友和一日三餐。

但痛苦尚未结束。"一个人的时候，我就会想家。

这个还挺难受的，很难受。如果我给妈妈打电话问她'你在干吗'，听到的只会是她的痛苦。但每当我想起弟弟妹妹们的眼睛，我就知道他们都为我感到骄傲，除了他们，没人以我为荣。所以我毕业的时候妈妈不用来，我的每个兄弟姐妹都必须到场。他们必须到场。要是谁不来，我就会很伤心的，没有他们的毕业典礼就是在浪费时间。我希望他们能看到我毕业，但我又很害怕，要是我上不了大学怎么办？"

"我的姐妹们总是看到其他人在进步后又失败，所以她们不想进步了，毕竟总会失败。但我告诉她们，'你们的所有成绩都要拿到 A 或 B！'她们却问，'为什么拿了 A 和 B，还有可能上不了大学？'在这个家里，我们都非常害怕失败，我很怕失败。只要我在乎什么事，我就会全力以赴。我在乎上大学，所以我会付出一切。"

"但我害怕的是，我来自一个没有钱的家庭！家里没钱，所以一分钱都没有的我怎么去上大学呢？"

塔比莎的经历，以及她的兄弟姐妹们所遭受的强烈的饥饿和物质匮乏，揭示了在三角洲小城镇中盛行的影子经济令人憎恶的一面。那些用福利换钱的人或许能维持电灯和暖气，但必然会使所有人陷入饥饿。饥饿，又会将母亲和孩子置于新的危险境地，陷入贬损尊严的性关系之中。简言之，没有现金就意味着你必将为了生存而违法、而蒙羞。而当那些"体面人"——教师、老板、公职人员——以高价出租破拖车，以食物和现金寻求性施惠，对穷人的福利进行掠夺时，善恶之间的界限就越发模糊了。尤其是在孩子的眼中。

当然，三角洲小镇上不乏好人，不管是黑人还是白人。在玛莎·约翰逊的家中感受到的那种充满爱意、相互支持的纽带，是大多数美国家庭向往的。尽管多萝西·克拉克自己的生活已经很艰辛，但她仍然向教友玛莎伸出了援手。在杰斐逊市，一群企业老板们自掏腰包资助了校外活动，提高了学生们的成绩，甚至帮助几个孩子考上了大学。三角洲也有许多优秀的教师、校长和公职人员。但是，即使是最有爱心的教育工作者，如果每天早上他们都要在学校里迎接饥肠辘辘的孩子，如果他们工作的学校被政府评为D级，他们又该如何应对呢？珀西镇的现任镇长是当地历史上的第一位黑人镇长，在缺乏就业机会和基本公共基础设施的情况下，他能拿得出什么资源来改变选民的生活呢？哪里又有优秀的执政方针可以参考呢？

毫无疑问，三角洲绝不是美国其他地区的缩影，毕竟没有哪个地方拥有三角洲的独特历史或特殊挑战。美国的原罪奴隶制度的影响在这里也更为明显。尽管坐拥世界上最富饶的农田，这里经济崩溃的程度却比其他地区严重得多。因此，我们对三角洲地区日均 2 美元式贫困的描述很容易会被视作一种特殊情况，属于不予考虑的例外。但事实上，根据美国人口普查局的估计，有 20 多个城镇比杰斐逊市更穷。[9] 其中一些地方位于阿巴拉契亚和南部腹地，包括密西西比州、路易斯安那州、肯塔基州、田纳西州和卡罗来纳州。你可能从未听说过这些地名：楚拉、卡伦、斯尼德维尔和蒙福德维尔。

一旦深入研究这些统计数据就会发现，在美国，有上千个城镇在苦苦挣扎，许多小镇都藏在美国人早已遗忘的角落。那里的正规经济几近瓦解，公共和私营的社会援助网络岌岌可危，居民们的合法赚钱途径被切断。这些地方似乎根本不像"美国"。但它们就是美国，它们跟这个国家的其他任何地方一样。

不同地区的极贫人群往往经历着类似的苦难，但三角洲中部的状况甚至还要更糟糕一些。住房危机和借住风险在这里司空见惯，一无所有的求生者不屈不挠的精神也如出一辙。[10] 但这里有一个关键差异：现金援助网络几乎绝迹，任何经济部门的工作机会似乎消失殆尽。在三角洲，业已取代正规经济的影子经济深刻地影响着地区和个人。

没有工作，也没有现金，影子经济侵蚀着方方面面，对儿童的影响尤为严重。塔比莎·希克斯会第一个告诉你，如果不是帕滕老师的帮助，她每个月有 3 个星期都会挨饿，她可能已经成了孕妇，大概率会怀上体育老师的孩子，也可能早就辍学了。她会像自己的母亲一样怀揣着渺茫的希望步入成年，直到所有的希望都被克利夫这样的暴力角色全部摧毁。[11]

并非只有三角洲的孩子能感受到日均 2 美元式贫困的惨烈后果。在本书的撰写期间，有 3 个家庭的孩子正试图自杀。而另一个，塔比莎的哥哥迈克已经结束了生命。一个 9 岁的小男孩正在接受精神病药物治疗，他曾拿着刀威胁他的姐姐。有两个女孩出卖身体换了食物和金钱，其中一个在 15 岁时患上了多种性病，不得不接受治疗。毋庸置疑，对孩子来说，贫困的代价太大了。

何去何从？

为了让日均 2 美元式穷人脱贫，我们需要探索一些与以往截然不同的办法。但在此之前，对福利的历史进行回顾也是有必要的。我们已经看到，大卫·埃尔伍德在 1988 年发表的《扶持穷人》中呼吁要取代福利，而不仅仅是重建福利。他把目光投向了鲜少得到政府关注或援助的那部分穷人——有工作的穷人身上。埃尔伍德认为，通过将社会援助网络转向那些贫困的工薪阶层，美国可以设计出一种免于被抨击的扶贫新形式。20 世纪90 年代，克林顿总统和国会根据埃尔伍德的建议采取了行动，通过税收抵免政策，以工资补贴的形式大幅提高了贫困劳动者的工资，改善了福利待遇。最重磅的一项是税收抵免政策，该政策实施力度之大，每年可使300多万儿童脱离贫困线。[1] 在这些改革的影响下，数百万陷入困境的工薪家庭的生活得到了极大改善，这是社会政策的胜利。

埃尔伍德的结论——福利必须被取代，而不仅仅是重建——基于一个关键见解：任何与美国价值观脱节的政策都注定会失败。他认为有 4 种价值观尤为重要："个人自主权""劳动的美德""家庭至上"和"对社区感的渴望"。[2] 而旧有福利制度鼓励的是截然相反的东西——懒惰和单亲抚养。埃尔伍德认为，正因为如此，几乎没有人喜欢这个制度。许多人憎恶它，甚至福利申请者对它也没有好感。[3]

抚养未成年儿童家庭援助项目的废除带来了一个意想不到的后果：有小孩家庭中日均 2 美元式贫困率上升了。福利改革或许是数据上升的原因，但恢复旧福利制度并不是正确的解决办法，因为它的缺点太明显了。实际上，无论是在今天还是几十年前，埃尔伍德的基本前提都是正确的：为遏止贫困所采取的任何措施都必须符合美国的价值观。这不仅仅是关于政治正确的争论。坚持不懈地寻求大多数美国人所认同的道德和公平的方

两美元过一天

法，主要原因在于那些与价值观脱节的政策只会将穷人与其他群体分离，而不是帮助他们融入社会。旧福利制度是有优点的，它为有需求的人提供了最低限度的现金保障，但这也付出了沉重代价。在美国同胞眼里，领取福利的人仿佛被打上了烙印。旧福利制度将领福利的人与主流社会群体隔离，甚至可能孕育了一个被迫用公民意识换取救济的被抛弃阶层。[4]

检验福利改革成功与否的标准是看福利能否帮助更多穷人，特别是能否帮助穷人融入社会。仅仅为极贫群体提供物质救济是完全不够的，我们需要制定让生活困难的公民重新融入社区和国家的方案。

有鉴于此，我们建议从根本上回归到 1996 年福利改革背后的核心思想：就业至关重要。在多管齐下的穷人扶助战略中，这一点必须成为关键。1996 年福利改革中的《个人责任与工作机会协调法案》（*The Personal Responsibility and Work Opportunity Reconciliation Act*）落实了"个人责任"，结束了大众对现金福利的普遍依赖。但对许多人来说，它并未解决就业问题。

我们认为，终结日均 2 美元式贫困的方法以三个原则为指导：第一，人人享有就业机会；第二，父母能在自住地具备抚养孩子的条件；第三，尽管不能保证每位父母都能工作或能持续工作，但父母及其子女的福祉应当得到保障。

人人都能工作

调查表明，通常情况下日均 2 美元式穷人欠缺的是就业机会，而不是就业意愿。因此，保障就业将大有裨益。对蕾·麦考密克和珍妮弗·埃尔南德斯而言，工作是缓解精神痛苦、解决家庭功能紊乱的关键。例行上班、投入工作具有某种治愈力量。但事实是就业岗位不足，更不用说那些有着丰厚薪水、固定工时的稳定工作了。大力创造就业机会才是解决之道，它能胜过所有自大萧条以来所采取的任何措施。

由政府补贴的私营企业带头提供就业岗位是一条途径。近日，联邦政府通过设立贫困家庭临时援助计划紧急基金，发起了一个很有前景的短期补贴就业计划。参与计划的各州可以使用基金为雇主（主要是私营企业）提供激励政策，促使他们雇用失业人员。该计划的目标帮扶群体是临时援助计划的失业申领人或长期处于失业状态的人。各州都有相当大的自由空间，政府能与雇主密切合作，共同规划合理方案。在华盛顿和参加计划的 39 个州中，13 亿美元的基金创造了超过 26 万个就业岗位。约有 2/3 的参与雇主表示，他们创造了原本不可能存在的岗位。很多企业期望未来能继续参与类似项目。此外，许多受益者在项目结束后依旧保持着在职状态。对于那些求职困难的人来说，该计划的收效更为显著。研究人员指出，这一就业计划获得了来自"政治光谱两端的雇主、职员、各州和地方官员的广泛支持"。[5]

补贴就业计划确实是改善日均 2 美元式穷人处境的一种方法。由于各种原因，穷人们往往处于招聘队列的末段，他们只能从政府的帮扶之中获益。在密歇根州，"社区投资"项目不仅能帮助个人找到工作，还能进一步提供一系列服务，让劳动者保住工作岗位。例如在紧急情况下，社区可以为员工安排车辆或提供托儿服务。试想一下，当蕾·麦考密克在车没油没法去上班的时候，如果得到了这种帮助会怎样？当发生劳资冲突时，该项目能为员工提供咨询或者直接为他们进行辩护。当莫多娜·哈里斯发现收银机抽屉里少了 10 美元时，如果有人为她辩护，情况会如何？当珍妮弗·埃尔南德斯在水疗中心一个人干两个人的活儿时，如果能得到一些关于加班和工资方面的法律咨询，情况又会如何？也许他们一家就不用再往得克萨斯州跑一趟了。就业扶持项目还可以与心理健康服务结合起来。有了固定的工作作息和组织，再加上高质量的心理咨询服务，珍妮弗和蕾似乎有了走出心理阴霾的可能。

一些人认为，仅刺激私营部门的就业增长是远远不够的。哈佛大学经济学家、前克林顿政府财政部部长拉里·萨默斯（Larry Summers）预测，即使经济已经从萧条当中恢复过来，在处于就业年龄段的美国男性中，每6个人中就有1人可能因为技术变革而失业。他认为如果这一趋势继续延续下去，在一代人的时间里，"将有1/4的中年男性随时失业"。[6]牛津大学经济学家卡尔·弗雷（Carl Frey）和迈克尔·奥斯本（Michael Osborne）估计，在所有职业类别中，近一半的岗位都面临着被自动化代替的风险。如果这些预测是对的，那么无休止地找工作不再仅仅是日均2美元式穷人的命运，更多美国人将加入这一行列。[7]

如果预测成真，我们就需要考虑更宏大、更深刻的问题。倘若私营部门无法创造足够多的就业岗位，那我们可以理所应当地督促政府创造出比现在多得多的就业机会，就像经济大萧条时期工程进度管理局提供的那些工作。当然，社区层面就有大量工作要做。这个国家的许多基础设施已严重老化，摇摇欲坠，甚至非常危险；国家、州及地方公园管理局的经费不足，限制了公园的开放和维护；幼儿和学龄前儿童成长所需的安全、可靠的日托中心太少了；面向学生的校外活动和辅导课程太少了；老年人的护理服务太少了；公共图书馆、游泳池和游乐场是保障儿童健康和福祉的重要机构，却常常因为资金短缺而限制开放；乡间小路和城市街道上到处都是垃圾；各地普遍需要为毒品成瘾者建立治疗中心，为无家可归者提供庇护所。我们能做的工作太多了。

我们还要提高珍妮弗、莫多娜、蕾、特拉维斯、杰西卡和其他所有人的就业质量。自20世纪90年代中期以来，国家一直通过税收抵免政策补贴低薪群体。但是受益人会如何使用退税呢？调查显示，即使是那些一年中的大部分时间都在稳定工作的人，每个月也无法仅靠工资维持生计。[8] 他们会把大部分退税款用于偿还一年内累积的债务。实际上，大部分退税款都被债权人拿走了，而债权人有时会收取高达30%的利息。

提高低薪职业工资最直接的方法就是涨工资。总体而言，美国人都喜欢提高最低工资标准的政策，而且所有迹象都表明他们会支持大幅度的涨幅。一些地方政府已经对国会感到不耐烦，他们通过立法或全民公投提高了州和地方的最低工资。这些改革也为研究提供了肥沃的土壤。据报道，西雅图对于大型雇主的最低工资标准将在未来几年内提高至每小时15美元，但这样的工资水平是否可持续呢？目前尚无定论，未来一段时间内也不会有定论。但现在大多数经济学家都认为，最低工资标准至少可以提高到每小时 10 美元，这样既不会减少工作岗位的供应量，[9] 又可以适度促进经济增长。[10] 对于本书中的所有成年人而言，他们的大部分或整个职业生涯都是以低于时薪 10 美元的报酬在劳动的。提高工资能使他们的处境不那么艰险，也能让他们更容易留在岗位上，从而避免陷入极贫境地。

对于有工作的人来说，低时薪并不是困扰他们的唯一问题。研究人员估计，美国的劳动者每年会因为"工资盗窃"而损失数十亿美元。"工资盗窃"是指明显违反劳动标准的行为，包括支付低于最低工资标准的薪酬、强迫员工加班、不按规定支付加班费（像珍妮弗·埃尔南德斯所经历的一样）。全国抢劫、盗窃案受害者所遭受的损失之和，与违反国家劳动法的雇主从辛勤工作的美国人的口袋里拿走的钱相比，可以说是小巫见大巫。"工资盗窃"的受害者通常是我们当中最脆弱的群体。

工时不足和上班时间不固定也是难题。许多低薪雇主不会全职雇用刚步入职场的员工，甚至不会提供固定的兼职工作时间。不可预测的排班进一步增大了低薪和工时过少的不利影响。大量证据表明，"随叫随到"的轮班制、零工时、变幻莫测的工作安排以及临时性合同在劳动力市场上都已司空见惯，这些做法绕开了劳动者保护政策，使员工们难以获得失业保险资格。旨在改善低薪服务业职工境况的政策均规定了最低工时或保证工时，比如全职员工每周 35 小时，兼职员工每周 25 小时。[11] 政策制定者必须认真设计，避免过多地束缚公司和员工的手脚。还有一项立竿见影的政策，即要求雇主至少提前 3 周公布排班表。对于那些极易陷入日均 2 美元式贫困的人而言，如果工作和财务状况能多一些可预测性，他们的生活就会多一些稳定性。

立法有一定帮助，但作为消费者而言，我们也可以改变现状。我们需要更全面的信息来了解哪些雇主善待员工、哪些雇主虐待员工。揭露恶劣的工作条件及其对父母和孩子的影响会引起公众关注，而且有证据表明，关注会带来真正的改变。2014 年，《纽约时报》报道了星巴克的"随叫随到"排班制对一位子女尚幼的母亲产生的恶劣影响。由此引发的轩然大波迫使该连锁店承诺修改其排班制度。[12] 在 2015 年年初，沃尔玛宣布他们将在 2016 年之前将员工工资提高至每小时 10 美元，并改变排班制度，新制度会让员工至少提前两周半得到排班通知。[13] 在某种程度上而言，公众的谴责之声激起了上述变革。在劳动力市场日趋紧缩的情况下，这些关注会不会进一步引起低薪雇主之间的良性竞争呢？美国需要一个零售企业指数数据，展现每家企业对待底层员工的方式，包括薪酬、工作条件、排班方式、全职员工比例等信息，消费者可以进行参考并决定去哪里消费。[14]

企业是否有能力为员工提供更好的待遇？新的研究表明，当员工被良好对待时，他们会更努力、积极地工作，为投资者和客户带来更高的价值。[15]货物不再上错架，商品不再贴错价格，而这两个问题恰是零售业利润损失的主要因素。如果员工得到更好的待遇，他们也会更好地对待顾客，从而带来更高的销售额。麦克巴克（Market Basket）是新英格兰地区一家成功的连锁超市，它的员工起薪为每小时12美元，每个人还有医疗保险和带薪病假。韦格曼（Wegmans）连锁超市、迅旅（Quik Trip）便利店和西南航空公司（Southwest Airlines）都在善待员工的同时实现了盈利。不同的企业都展现出了共同的特征，它们会支付高于平均水平的工资，更依靠全职员工，采取更稳定的排班制度，提供更多附加福利，并通过在职培训在员工身上投资。他们的员工似乎也因此表现得更出色。

这些企业（尽管数量很少）的出色之处不仅在于薪酬、工时或福利。麦克巴克超市的员工表示，他们的首席执行官阿瑟·T·德莫拉斯（Arthur T. Demoulas）能记住所有员工的名字。他还会参加员工的婚礼和葬礼。当阿瑟卷入家族企业控制权的争夺战并即将被踢出董事会的时候，员工们举行了罢工以示抗议。他们不是为了涨工资或福利而冒险，他们是为了老板甘愿冒险。[16]

但低薪雇主与员工之间严重恶化的关系更为普遍。老板们很少与普通员工见面。[17]恢复老板和员工之间的关系对于日均2美元式穷人来说至关重要。因为他们的个人生活往往很复杂，而个人生活又与工作紧密地交织在一起。只有那些真正了解员工的老板才有能力判断作为两届"最佳收银员"的蕾，到底是因为故意旷工而缺勤，还是真的遇到了困难。

在没有帮扶的情况下，并非所有日均2美元式穷人都能在劳动力市场上找到工作。他们中的一些人，比如密西西比河三角洲的玛莎·约翰逊，由于身体原因无法从事很多工作，但又没有资格领取伤残补贴。在本书跟踪的家庭中，这个群体很小，大多数家庭里都有一位成年人曾在某个阶段顺利地从事过全职工作。但是如果没有更大规模的研究，我们无法确定在日均2美元式穷人队伍中到底有多少这种情况。但无论这个群体有多大，他们都应该得到为社会作贡献的机会。我们需要创造性地开展工作，确保每个人都能找到奉献的方式，从而获得归属感。我们可以在健康群体和伤残群体之间开辟中间地带，针对中间人群扩大工作扶持的范畴。对于玛莎这样的小创业者来说，另一项开创性措施是目前在全国各地涌现的小企业"孵化器"。这些孵化器可以帮助非正规但合法的"褐色经济"走向正规。例如，食品行业的孵化组织会为经营者提供一个符合规范的专业厨房，这样玛莎就能合规地生产她的冻饮料和腌制零食并上架出售了。

在自己家养孩子

我们认为，对于有全时、全职工作意愿的美国人而言，政府至少要保障他们拥有属于自己的住所。蕾应该拥有一个能"放松身心、享受亲子时光"的家，她可以给阿扎拉精心装饰一间"朵拉的房间"。

自 2000 年以来，越来越多的美国人发现房租已经超出了他们的承受能力，不断上涨的租金吸引了大众注意力。政府发放的几百万张租房补贴券显然可以缓解这一问题。除此之外，投资新建或翻新经济适用房也是出路。在联邦政府层面，国家住房信托基金也能发挥作用，但目前尚未被充分利用。该基金可以作为资金池供各州使用，助力经济适用房的建设投资。[18]然而，最近的住房危机破坏了基金的资金投入，致使联邦政府无法顺利推行这一机制。该基金的目的之一是将住房抵押贷款利息税前扣除额控制在一定数额以上，比如50万或100万美元，这实际上就将补贴从富裕家庭转移至了贫困家庭。增加经济适用房存量、遏止居住隔离现象的另一途径是减少歧视性"排他区划"（exclusionary zoning）的普遍规定。市（通常是郊区）政府会限制区域内可以建造的住房类型，例如禁止建造公寓楼或设定最小宅地尺寸上限，从而限制面向低收入家庭的住房供应。[19]

租金上涨无疑是问题的关键。但同时，租户收入的下降幅度已经超过了房价涨幅的两倍。剥削确实存在，但即使是不以营利为目的的房东，也很难以远低于市场价的租金向穷人供房。许多小房东和房地产投资者，尤其是那些提供了全国大部分房源的房东夫妇，他们的利润率简直惨不忍睹。[20]

因此，解决经济适用房危机的办法之一就是增加租户收入。保障就业机会、提高工资和保证工时能缓解部分压力。今天无论在哪个州，一份刚刚达到最低工资标准的全职工作都无法让一个家庭以合理的市场价租到一套一居室或二居室。但是在22个州，一个挣15美元时薪的全职工作家庭能以合理的市场价租到一套两居室，另外4个州的情况也差不多。[21]

我们对来自3个城市的低收入租户进行了采访，从中得到的一些证据表明，房东在确定租金时会考虑潜在租户的工作和收入不稳定性。[22] 如果房东预估只能从2/3的租户那里按时收取全额租金，那么他就会据此确定租金。2014年夏天，在克利夫兰较贫困的地区，一些公寓房东反映他们在某些月份只能准时收到约50%的租金。大多数人把这个问题归咎于租户的收入不够稳定。即使有些租户最终能够付清房租，但房东往往会损失一个月或更长时间的租金，同时还要驱逐现有租户、寻找新租户。倘若以上考量确实是影响租金的因素，那么保障就业便能让房东获益，并使他们愿意以较低的价格出租房屋。

领住房补贴的家庭的收入增长了，补贴资金就可以流向更多符合条件的人。目前，受补贴租户必须将净收入的30%用于房租。研究人员发现，2010年有约45%的非老年、非残疾住房补贴领取者没有收入。[23] 如果这些人当中有1/3或1/2的人能有15000美元的年收入，又会是什么局面呢？节省下来的补贴金额将达到数十亿美元。如果重新分配这些资金用于减轻更多穷人的住房负担，那么美国将在缩小收入和租金差距方面取得更大的进展。

就业并非万能

穷人的生活也有好消息——大多数人最近都有过工作经历。在日均 2 美元式贫困儿童的家庭中，有 70% 的家长在一年内从事过正式工作，只有约 10% 的家庭加入了临时援助计划。[24] 人们对正规经济部门的工作存在高度依恋，这表明在大多数情况下，对大部分群体来说，保障就业岗位和提高低薪工作质量就足以成为安全援助网。

但我们确实还需要一个能提供临时现金扶持的项目。因为无论采取什么措施，就业，甚至是受到扶持的就业有时也会失败。与就业无关的许多因素都可能致使一个家庭陷入危机，特别是对于那些生活状况极其复杂的家庭来说。在困难时期，他们需要一个真正的援助网络来保护他们。补充营养援助项目和医疗补助等非现金援助为困境中的家庭带来了一线生机，但它们与现金终究不同，不具备现金的灵活性——本书的故事已经表明了这种灵活性的重要性。如果能够及时获得现金，贫困的旋涡就有可能发生逆转。

目前，一个能有效兜住贫困群体的现金援助网络尚未建立，太多底层家庭只能通过贩卖福利获得少量现金。这样做于他们无益，于社会亦然。福利交易不仅违法，还会对政府资源造成浪费。当珍妮弗·埃尔南德斯为了给孩子买袜子和内衣而卖掉福利时，当阿尔瓦·梅·希克斯用福利来付水电费时，她们在那一刻都失去了高达 40% 到 50% 的购买力。她们和孩子们都会挨饿。

在许多情况下，一个家庭所需要的现金其实并不算多。大部分家庭都有参与工作的成员，所以可以在税收抵免政策的基础上建立一个"家庭危机账户"——允许家庭在一定时间内有限次数地使用账户以顺利渡过危机。家庭成员可以将工资存入账户，在紧要关头迅速提取而无须经过冗长的申请流程。此外，税收抵免政策的申请者可以自由选择"储蓄"部分退税，即选择在一年内分期发放退税，而不是在纳税时一次性发放。政府可以采取措施激励申请者选择分期退税。如此一来，一旦发生突发状况，贫困家庭就有了一张自制的安全援助网。[25]

为贫困家庭提供终极援助网是目前的福利计划要承担的职责，但事实证明它没有胜任。部分原因在于福利计划给予各州整笔拨款，而各州在资金使用方面具有很大的灵活性。这意味着他们能找到各种理由将贫困家庭排除在援助名单之外，然后再将钱用于其他用途。在联邦政府拨给各州的 165 亿美元福利资金中，超过 110 亿被挪作他用，例如用于资助州儿童福利系统。一些州甚至靠着该计划缓解了自身的财政压力。因此，福利成了各州的福利，而不是贫困家庭的福利。

除了申请资格和其他准入限制，有证据表明一些潜在申请者的援助可能未经申请就被"转移"了。[26] 蕾·麦考密克在待业将近一年之后绝望地放下了尊严，前往福利办公室申请临时援助计划。工作人员回复她："亲爱的申请人十分抱歉，这里有那么多需要援助的人，而我们的钱又不够。"蕾的经历并不是唯一的。佐治亚州的福利主管经常重复一句话："福利对任何家庭而言都不够。"这句话可能会让该州的福利专员主动劝阻穷人的申请。[27]

在申请获批之前，几乎每个州的福利办公室都会要求申请者通过许多与就业相关的关卡，包括参加定向培训、制订就业计划、登记就业服务或参与数小时的求职活动等。[28] 他们不会干脆利落地提供申请者在紧要关头急需的援助。获批的申请者必须满足严格的工作要求，通常是每周为私营雇主或社区工作 30 小时（为社区工作每月只能获得几百美元的回报）。讽刺的是，这些工作要求对找一份"真正"的工作没什么帮助。

福利的现金价值一直不高，但现在却低得离谱了。

在任何一个州，它都不能让一个家庭的生活水平迈过贫困线的一半。在 32 个州和华盛顿，一个没有收入来源的三口之家领到的临时援助福利低于贫困线的 30%。有 16 个州的最高福利低于贫困线的 20%。[29]而在密西西比州，福利甚至不能让一个家庭远离日均 2 美元的旋涡。所以不难理解，如此之低的福利水平很容易致使符合资格的申请人得出"福利不值得申请"的结论。

但这并不能完全解释为何陷入困境的家庭得不到福利的帮助。主要问题在于潜在的申请者甚至连福利办公室的大门都没进。由于名额如此有限，福利的援助信息很难传播开来。从本书展现的真实家庭故事来看，许多人可能根本不知道福利的存在，或者出于各种原因主动放弃了申请。当我们问约翰逊城的特拉维斯和杰西卡"为什么没有申请福利时"，他们反问道："那是什么？"莫多娜甚至听说福利已经不再发放了。在一些地区，宣传部门甚至放弃了福利。"我们不再谈论它了，"亚特兰大食品银行宣传教育部主管劳拉·莱斯特在 2012 年接受《石板》杂志采访时说道，"我们甚至都不让人去申请了，因为毫无意义啊。"[30]

如果激励各州将联邦政府的拨款资金更多地用于现金援助，将会出现什么局面？虽然"福利"不符合美国的核心价值观，但对穷人伸出帮扶之手一直符合。美国人的社区意识和渴望——埃尔伍德在《扶持穷人》中指出的核心价值观之一——促使我们去帮助那些自身没有过错但无法自救的人。虽然抚养未成年儿童家庭援助项目已不复存在，但帮助现有福利完成使命，使其发挥出一个临时性援助计划应有的作用是一个值得追求的目标。只要反贫困政策的总体方向是保障所有人都享有就业机会，那么美国大众就会表示支持。

几代人以来，福利起到的作用是将穷人与其他人隔离开来。它剥夺了人们的尊严与自我价值感。现在，福利已死。不仅仅领不到现金福利，而且根本没有任何现金收入来源，这才是致贫的根本因素。没有现金，穷人就无法有意义地参与社会生活。所有美国人都不应该为了获得这一关键资源而铤而走险。我们不忍心看到同胞们为了勉强维持生计，不得不花几个小时寻找瓶瓶罐罐，不得不服用各种补铁剂以确保每周能捐两次血。身陷旋涡的穷人清楚贩卖福利、兜售孩子的社保号和卖身的生存策略不仅违法，还违反了道德。他们知道为人父母不应该为了让孩子穿上新衣服就被迫抛弃传统的是非观。

一项能融合而非分裂社会的反贫困政策其实就在我们身边。我们可以在"美国制造"的革命性方法中找到答案。这就是大卫·埃尔伍德1993年带到华盛顿的设想之一：通过增加自 1975 年起发放的小额应退税金来取代福利。事实也的确证明了，税收抵免政策最具革命性的意义便在于它成功地将穷人重新纳入了社会。

它是如何办到的？2007 年，来自美国东北部和中西部的 209 名税收抵免政策申请者接受了深入采访。访谈揭示，申请福利会让人感到耻辱，但申请税收抵免政策却能让人感到被尊重并恢复自尊。[31] 这是因为：第一，税收抵免政策是与就业直接挂钩的；第二，税收抵免额包含在个人的联邦退税额中，连同工资中多扣的税金，这会让人觉得政府发的福利是自己"挣来的"，是对自己辛勤工作的合理奖励；第三，申请者不必去福利办公室办理业务，在他们看来那里本身就蕴含着耻辱的味道，大约 70% 的人会通过专业税务服务公司办理退税，这意味着你不再是一个乞求者，而是一个顾客，你可以像其他美国人一样申请退税。[32]

申请者们最津津乐道的是他们在报税公司"H&R Blok"受到的待遇，这也是他们甘愿为这项服务支付大约 200 美元的原因之一。"有人帮我了！"这是受访者们的共同心声，他们重复着该公司的宣传口号。一进门，报税人就会受到面带微笑的欢迎："我们能为您做些什么？"

在此，我们并不是说税收抵免政策能完全解决日均 2 美元式贫困问题，但它的确为反贫困政策的制定提供了一条重要经验。美国过去的扶贫方式总是会让困难家庭蒙羞，政府设置了重重障碍，让穷人一个接一个地跨过。所有"障碍"都基于一种潜在假设，即穷人们懒惰又缺德，还妄想钻制度的空子。临时援助计划就是一个贴切的例子。但研究表明，人们在福利办公室里的遭遇会破坏他们对政府的信任，降低他们参与政治的积极性，并削弱自身信心。[33] 而信心正是摆脱贫困所必须的黄金。作为国家公民我们必须扪心自问，我们该站在哪一边？对社区感的渴望能否促使手握资源的人更坚定、有效地站在赤贫者的一边？

正如本书所讲述的故事，日均 2 美元式穷人的处境与大多数美国人有着天壤之别。为了勉强度日，他们不得不做一些在道德上令人反感的事，而这些行为进一步拉开了他们与社会大众的距离。极端贫困的生存经历往往会给人留下深刻的身心创伤，这些创伤加剧了他们与社会的隔阂，而不是融入。蕾·麦考密克的余生都将试图掩盖自己没有牙齿的事实，笑的时候用手捂住嘴巴。塔比莎·希克斯的内心深处将永远有一片体育老师以食物为诱饵引诱她交出身体的阴影。

尽管只有他们经历了这一切，他们遭受了虐待和创伤、饥饿和恐惧，他们对所承受的一切感到愤怒，但本质上，日均2美元式穷人的生存现状触及着美国的核心。

我们拜访了特拉维斯和杰西卡在田纳西州约翰逊城的小家，其中一个细节让人记忆犹新。两岁的布莱斯"哇"的一声从那辆粉色婴儿车里探出头，在爸爸妈妈的照料下，她快乐又自信。

凯特琳和科尔穿着成套的卡其色裤子和polo衫。当他们跟着妈妈沿着北大街走去最喜爱的图书馆时，你没办法忽略他们步履之间的轻快跳跃。

在芝加哥南区深处，苏珊和德文看着小劳伦扶着旧沙发蹒跚学步。他们欣慰极了，感叹着那双棕色的大眼睛和只露出一颗牙齿的笑脸是多么迷人可爱。

布里安娜喜欢跟着莫多娜的步伐并肩前行，她们边走边相视而笑。即使她们又一次地陷入了贫困的旋涡，即使她们正住在救世军的收容所。

在克利夫兰，保罗的庞大家族近几个月来仍一无所获，但孩子们的好奇心却从未枯竭。家里没有有线电视，他们几乎把公共图书馆的书翻完了。12岁的肖尼爱看关于宇宙起源的书，她的几个表弟争抢着看最新的科幻小说。有一次肖尼听到祖父谈起家里用过的诸多生存妙计，她惊讶地说："我们就像生活在拓荒时代！"

就在保罗家不远处，在克利夫兰的畜牧场社区，阿扎拉看到妈妈很难过。她穿过家旁边的空地，在街边摘下一朵三叶草小花，郑重地送给妈妈。蕾笑着把阿扎拉抱起来，两人边笑边蹭蹭鼻子。这是她们的小仪式。

显然，这片土地上还有很多值得珍惜的东西，值得我们悉心守护和培育。

注　释

引言

1　关于福利领取者，见 Kathryn Edin, Laura Lein, *Making Ends Meet: How Single Mothers Survive Welfare and Low-Wage Work* (New York: Russell Sage Foundation, 1997)。

2　H. Luke Shaefer，Kathryn Edin, "Extreme Poverty in the United States, 1996 to 2011" (Policy Brief No. 28, Gerald R. Ford School of Public Policy, University of Michigan, February 2012), http://www. npc .umich.edu/publications/policy_briefs/brief28/policybrief28.pdf. H. Luke Shaefer and Kathryn Edin, "Rising Extreme Poverty in the United States and the Response of Federal Means-Tested Transfers," *Social Service Review* 87, no. 2 (2013): 250-68. H. Luke Shaefer and Kathryn Edin, "Understanding the Dynamics of $2-a-Day Poverty in the United States," *RSF: A Journal of the Social Sciences* (forthcoming)。

3　Shaefer,Edin, "Extreme Poverty"；Shaefer and Edin, "Rising Extreme Poverty."

4　Shaefer,Edin, "Rising Extreme Poverty."

5　Carl Sandburg, "Chicago," *Poetry,* March 1914,191-92.

6　William Julius Wilson, *The Truly Disadvantaged: The Inner City, the Underclass, and Public Policy* (Chicago: University of Chicago Press, 1987).

7　Kurt Badenhausen, "In Pictures: America's 20 Most Miserable Cities," Forbes.com, February 18, 2010,http://www .forbes.com/2010/02/11/ americas-most-miserable-cities-business-beltway-miserable-cities_slide.html.

8　Appalachian Regional Commission,, "Economic Overview of Appalachia—2011" (n.p., n.d.), http://www.arc.gov/images/appregion/ Sept2011/EconomicOverviewSept2011.pdf.

9　Alan Flippen, "Where Are the Hardest Places to Live in the U.S.?," *New York Times,* June 26, 2014, http://www.nytimes .com/2014/06/26/ upshot/where-are-the-hardest-places-to-live-in-the-us .html?action=clic k&contentCollection=The Upshot&module=Related Coverage&regio n=Marginalia&pgtype=article&abt=0002&abg=0.

10　尽管人们可以通过种菜或烟草等"经济作物"来补贴收入，但我们发现跟克利夫兰和芝加哥的情况相同，大多数移居到约翰逊城等地的人们主要依靠商品经济维持生存。

11　James C. Cobb, *The Most Southern Place on Earth: The Mississippi Delta and the Roots of Regional Identity* (New York: Oxford University Press, 1994).

12　Ian Fisher, "Moynihan Stands Alone in Welfare Debate," *New York Times,* September 27, 1995, http://www.nytimes.com /1995/09/27/ nyregion/moynihan-stands-alone-in-welfare-debate.html.

第一章　福利已死

1　本章中，我们与 Peter Edelman, Ron Haskins, Wendell E. Primus, 和 Isabel V. Sawhill 进行了深度访谈。作为公职人员，他们在 1996 年福利改革中发挥了重要作用。此外我们还借鉴了 Edin 在以往研究中与 David Ellwood 的深度访谈。

2　在 2012 年的伊利诺伊州，人们能在线上填表申请现金福利。但在线申请后，仍然需要等待几周然后去办公室约见工作人员。但如果直接线下办理，当天就有可能见到对方。约见工作人员本质上才是申请福利的第一步，所以人们往往会选择直接去福利办公室排队。

3　Alix Gould-Werth,H. Luke Shaefer, "Do Alternative Base Periods Increase Unemployment Insurance Receipt Among Low- Educated Unemployed Workers?," *Journal of Policy Analysis and Management* 32, no. 4 (2013): 835-52; H. Luke Shaefer, "Identifying Key Barriers to

Unemployment Insurance for Disadvantaged Workers in the United States," *Journal of Social Policy* 39, no. 3 (2010): 439-60; Government Accountability Office, "Unemployment Insurance: Factors Associated with Benefit Receipt" (Washington, DC, 2006); Government Accountability Office, "Unemployment Insurance: Low-Wage and Part-Time Workers Continue to Experience Low Rates of Receipt" (Washington, DC, 2007).

4　伊利诺伊州的失业保险"替代率"是指领取人每周领取的平均失业救济金与此前的周薪的比值。近年来该比值徘徊在40%，有些计算公式得出的比值甚至更低。（"UI Replacement Rates Report," Employment and Training Administration, U.S. Department of Labor, http://workforcesecurity.doleta .gov/unemploy/ ui_replacement_rates.asp)

5　2013年，初步预测约有400万人每月从临时援助计划等现金福利中受益。（"Caseload Data 2013," Office of Family Assistance, U.S. Department of Health and Human Services, May 23,2014,http://www. acf.hhs.gov/programs/ofa/resource/caseload-data-2013)。2013年7月4日，美国人口调查局估计美国人口约为3.16亿。这说明任何月份中只有约1.3%的美国人享受了现金福利。此外需要注意：第一，临时援助计划支出仅占联邦预算的一小部分。在美国财政部的每100美元支出中，用于该项目的支出不到50美分。（2012年，临时援助计划整体拨款为165亿，联邦支出总额为35000亿。）第二，各州会将30%的拨款金用于向贫困家庭提供现金援助，剩余资金用于其他项目，如儿童保育补助、儿童福利保护（寄养体系建设）、就业培训、婚姻促进项目等。信息源于Liz Schott, "Policy Basics: An Introduction to TANF" (Center on Budget and Policy Priorities, Washington, DC, December 4, 2012), http://www.cbpp.org/cms/?fa=view&id=936。

6　Schott, "Policy Basics: An Introduction to TANF." postage stamp collectors: "A Hobby for Everyone," American Philatelic Society, n.d., http://stamps.org/A-Hobby-for-Everyone.

7　参考数据如下。2012年，http:// www.acf.hhs.gov/programs/ofa/

resource/caseload-data-2012；2014 年，http://www.acf.hhs.gov/ programs/ofa/resource/caseload-data-2014；更早的年份，, http:// archive.acf.hhs.gov/programs/ofa/data-reports/index .htm。关于成 年人劳动参与率，见 "Characteristics and Financial Circumstances of TANF Recipients, Fiscal Year 2012," table 30, http://www .acf.hhs. gov/sites/default/files/ofa/tanf_characteristics_fy_2012.pdf。

8　Shaefer, Edin, "Rising Extreme Poverty." *how desperate the need*: Some states take an active role in perpetuating this, using "informal diversion practices" that "dissuade people from completing the TANF application process, whether intentionally or not" (Heather Hahn, Olivia Golden, and Alexandra Stanczyk, "State Approaches to the TANF Block Grant: Welfare Is Not What You Think It Is" [Working Families Paper No. 20, Urban Institute, Washington, DC, August 2012], 15, http:// www.urban.org/UploadedPDF/412635-State-Approaches-to-the-TANF -Block-Grant.pdf)。例如，佛罗里达州要求申请人在接受 援助前需工作满 30 个小时。

9　Peter Ganong ,Jeffrey B. Liebman, "The Decline, Rebound, and Further Rise in SNAP Enrollment: Disentangling Business Cycle Fluctuations and Policy Changes" (NBER Working Paper No. 19363, National Bureau of Economic Research, Cambridge, MA, August 2013), http://www.nber.org/papers/w19363.

10　随着税收抵免政策不断扩充，共和党人的支持度有所减少。

11　Shaefer, Edin, "Rising Extreme Poverty," and Yonaton Ben-Shalom, Robert Moffitt, and John Scholz, "An Assessment of the Effectiveness of Anti-Poverty Programs in the United States," in *Oxford Handbook of the Economics of Poverty*, ed. Philip N. Jefferson, chap. 22 (Oxford: Oxford University Press, 2012).

12　我们估算了莫多娜的纳税义务 (http://users.nber.org/~taxsim/ taxsim-calc9/index.html)，用伊利诺伊州的标准估算了她的补 充营养援助福利，并假设其公寓的市场租金为每月 894 美元 (http://fscalc.dhs.illinois.gov/FSCalc/)。36% 的加薪是基于其净收 入推算的 (http://fscalc.dhs.illinois.gov/FSCalc/)。

13 David Ellwood, *Poor Support: Poverty and the American Family* (New York: Basic Books, 1988), and R. Kent Weaver, Ending Welfare as We Know It (Washington, DC: Brookings Institution Press, 2000).

14 Christopher Jencks, *Rethinking Social Policy: Race, Poverty, and the Underclass* (Cambridge, MA: Harvard University Press, 1992), and Jason DeParle, *American Dream: Three Women, Ten Kids, and a Nation's Drive to End Welfare* (New York: Viking, 2004).

15 Deborah Ward, *The White Welfare State: The Racialization of U.S. Welfare Policy* (Ann Arbor: University of Michigan Press, 2005), and Weaver, Ending Welfare.

16 Michael Harrington, *The Other America: Poverty in the United States* (1962; repr., New York: Simon & Schuster, 1997); quotation appears on p. 182.

17 Lyndon Johnson, State of the Union address, 1964, http://www.pbs.org/wgbh/americanexperience/features/primary-resources/lbj-union64/.

18 根据社会保障局分析员 Mollie Orshansky 的研究，政府采取了一种速效又粗糙的贫困衡量方法。根据当时的调查结果，一个家庭会将大约 1/3 的收入花在食物支出上，因此在衡量时，先将家庭的最低饮食支出乘以 3，再将该数据与家庭的现金收入作比较。该方法是联邦政府此后一直使用的官方贫困衡量标准的基础。

19 Peter Edelman, *Searching for America's Heart: RFK and the Renewal of Hope* (Boston: Houghton Mifflin, 2001), 57.

20 在这一时期，联邦政府首次尝试努力解决受助人的就业问题，采用了"奖罚并用"的措施。"奖励"是指允许受助人在工作时依然领取较大比例的福利金。"惩罚"是指如果健全的受助人拒绝参与就业计划，他们可能会被剥夺福利。但由于联邦政府没有为就业计划投入实质性资金，所以资金紧张的各州只奖励了少数参与工作的受助人，该措施的影响力便大大降低了。

21 我们的学生研究员 Bethany Patten 分析了调查数据，见 http://www3.norc.org/GSS+Website/. Tom W. Smith, "That Which We Call

Welfare by Any Other Name Would Smell Sweeter: An Analysis of the Impact of Question Wording on Response Patterns," *Public Opinion Quarterly* 51, no. 1 (1987): 75-83.

22　Franklin D. Roosevelt, State of the Union address, January 4, 1935, http://www.fdrlibrary.marist.edu/daybyday/resource/january-1935/.

23　Robert Moffitt, "Incentive Effects of the U.S. Welfare System: A Review," *Journal of Economic Literature* 30, no.1 (1992): 1-61. Sheldon Danziger, Robert Haveman, and Robert Plotnick, "How Income Transfers Affect Work, Savings, and the Income Distribution: A Critical Review," *Journal of Economic Literature* 19, no. 3 (1981): 975-1028.

24　Stephanie J. Ventura, "Changing Patterns of Nonmarital Childbearing in the United States" (NCHS Data Brief No. 18, National Center for Health Statistics, Hyattsville, MD, May 2009), http://www.cdc.gov /nchs/data/databriefs/db18.pdf. "Trends in Non-Marital Birth Rates: The Rates of Non-Marital Births Have Increased," NHMRC Fact Sheets and Research Briefs, National Healthy Marriage Resource Center, n.d., http://www.healthymarriageinfo.org/research-and-policy/ marriage -facts/index.aspx.

25　Charles Murray, *Losing Ground: American Social Policy, 1950-1980* (New York: Basic Books, 1984).

26　Moffitt, "Incentive Effects" ; Robert Fairlie and Rebecca London, "The Effect of Incremental Benefit Levels on Births to AFDC Recipients," *Journal of Policy Analysis and Management* 16, no. 4 (1997): 575-97.

27　Josh Levin, "The Welfare Queen," Slate, December19, 2013, http://www.slate.com/articles/news_and_politics/history/2013/12 /linda_taylor_welfare_queen_ronald_reagan_made_her_a_notorious _american_villain.html.

28　Levin, "The Welfare Queen."

29　我们的学生研究员 Vincent Fusaro 是密歇根大学社会工作和政治学专业的博士生，他分析了相关数据（Miriam King, Steven Ruggles, J. Trent Alexander, Sarah Flood, Katie Genadek, Matthew B. Schroeder, Brandon Trampe, and Rebecca Vick, *Integrated Public*

Use Microdata Series, Current Population Survey: Version 3.0 [machine-readable database] [Minneapolis: University of Minnesota, 2010]），对抚养未成年儿童家庭援助项目领取者的人口统计特征展开了研究。研究显示，在历年的数据中，只有一年的黑人领取者比例略高于40%。在1968年到1995年的每一年里，大多数领取者都是白人。

30 Murray, *Losing Ground.*

31 Ronald Reagan, State of the Union address, February 4, 1986, http://www.presidency.ucsb.edu/ws/?pid=36646.

32 Quoted in Nicholas Lemann, "The Unfinished War," *Atlantic Monthly*, December 1988, http://www.theatlantic.com/past/politics/poverty/lemunf1.htm.

33 关于 Ellwood 更多信息，参见 DeParle, *American Dream*。

34 David Ellwood, Mary Jo Bane, "The Dynamics of Dependence: The Routes to Self-Sufficiency" (prepared for the Office of Planning and Evaluation, U.S. Department of Health and Human Services, Washington, DC, June 1983). Ellwood 和 Ban 将长期福利领取者与少数慢性病住院患者进行了比较，结果显示这些患者仅仅因为住院时间较长而占用了不成比例的医院床位。

35 Ellwood, *Poor Support.*

36 Sara McLanahan, Glen Cain, Michael Olneck, Irving Piliavin, Sheldon Danziger and Peter Gottschalk, "*Losing Ground*: A Critique" (Special Report No. 38, Institute for Research on Poverty, University of Wisconsin-Madison, August 1985); Christopher Jencks, "How Poor Are the Poor?," review of *Losing Ground: American Social Policy*, by Charles Murray, *New York Review of Books*, May 9, 1985, 41-49; Ellwood, *Poor Support.*

37 Ellwood, *Poor Support*, 6.

38 同上，238。

39 Sarah Halpern-Meekin, Kathryn Edin, Laura Tach and Jennifer Sykes, *It's Not Like I'm Poor: How Working Families Make Ends Meet in a Post-Welfare World* (Berkeley: University of California Press, 2015).

40 DeParle, *American Dream.*

41 Joel F. Handler, "'Ending Welfare as We Know It': Another Exercise in Symbolic Politics" (Discussion Paper No. 1053-95, Institute for Research on Poverty, University of Wisconsin-Madison, January 1995), http://www.irp.wisc.edu/publications/dps/pdfs/dp105395.pdf.

42 DeParle, *American Dream*, 4.

43 William J. Clinton, Address Before a Joint Session of Congress on Administration Goals, February 17, 1993, http://www .presidency. ucsb.edu/ws/?pid=47232.

44 同上。

45 Halpern-Meekin et al., *It's Not Like I'm Poor*.

46 DeParle, *American Dream*.

47 Halpern-Meekin et al., *It's Not Like I'm Poor*.

48 Weaver, *Ending Welfare*.

49 Ron Haskins, *Work over Welfare: The Inside Story of the 1996 Welfare Reform Law* (Washington, DC: Brookings Institution Press, 2006).

50 同上。

51 DeParle, *American Dream*。此外，如果家庭未能满足工作或其他方面的要求，各州拥有对这些家庭实施严厉"制裁"的权利（例如剥夺现金福利等）。

52 各州可以继续援助已达受助期限的家庭，但必须自行承担全部开支。

53 克林顿曾两次否决众议院和参议院的法案。第一次否决的原因是他认为法案会对食品券计划和医疗补助项目带来破坏性改变。第二次否决原因目前未知。有人认为，第二次被否决的法案实际上与他最终签署的法案十分相似。

54 Marian Wright Edelman, "An Open Letter to President Clinton," op-ed, *Washington Post*, November 3, 1995.

55 141 Cong. Rec. S16,466 (daily ed. Nov. 1, 1995) (statement of Sen. Moynihan).

56 "Presidential Approval Ratings—Bill Clinton," Gallup, http://www. gallup.com/poll/116584/presidential-approval-ratings -bill-clinton. aspx.

57　Peter Edelman, telephone interview with author, January 20, 2014.

58　同上。

59　Barbara Vobejda and Judith Havemann, "2 HHS Officials Quit over Welfare Reform," *Washington Post*, September 12, 1996.

60　Alison Mitchell, "Two Clinton Aides Resign to Protest New Welfare Law," *New York Times*, September 12, 1996.

61　Robin Toner, "New Senate Push on Welfare Revives Tensions in Both Parties," *New York Times*, September 9, 1995.

62　Peter Edelman, "The Worst Thing Bill Clinton Has Done," *Atlantic Monthly*, March 1, 1997.

63　Bill Clinton, "How We Ended Welfare, Together," oped, *New York Times*, August 22, 2006, http://www.nytimes.com/2006/08/22 / opinion/22clinton.html?_r=0.

64　Ron Haskins, "Welfare Reform, Success or Failure? It Worked," Point CounterPoint, *Policy and Practice,* March 2006, http: //www. brookings.edu/~/media/research/files/articles/2006/3/15welfare% 20haskins/0315welfare_haskins.pdf.

65　Robert A. Moffitt, "From Welfare to Work: What the Evidence Shows," executive summary, *Welfare Reform & Beyond* (Policy Brief No. 13, Brookings Institution, Washington, DC, January 2002), http:// www.brookings.edu/~/media/research/files/papers/2002/1 /welfare%20 moffitt/pb13.pdf. According to Moffitt, "A recent review of these studies conducted by the U.S. Department of Health and Human Services indicates that the employment rate among welfare leavers is approximately 60 percent just after exiting welfare."

66　Maria Cancian, Robert Haveman, Daniel R. Meyer, and Barbara Wolfe, "Before and After TANF: The Economic Well-Being of Women Leaving Welfare," *Social Service Review* 76, no. 4 (2002): 603-41; Sheldon Danziger, Colleen M. Heflin, Mary E. Corcoran, Elizabeth Oltmans, and Hui-Chen Wang, "Does It Pay to Move from Welfare to Work?," *Journal of Policy Analysis and Management* 21, no. 4 (2002): 671-92; LaDonna A. Pavetti, Gregory Acs, "Moving Up, Moving Out, or Going Nowhere? A Study of the Employment Patterns of Young Women and the Implications for Welfare Mothers," *Journal of Policy Analysis and Management* 20, no. 4 (2001): 721-36.

67 Rebecca M. Blank, "Improving the Safety Net for Single Mothers Who Face Serious Barriers to Work," *Future of Children* 17, no. 2 (2007): 183-97; Pamela Loprest, "Disconnected Families and TANF" (OPRE Research Brief No. 2, Urban Institute, Office of Planning, Research and Evaluation, Washington, DC, November 2011); Lesley Turner, Sheldon Danziger, and Kristin Seefeldt, "Failing the Transition from Welfare to Work: Women Chronically Disconnected from Employment and Cash Welfare," *Social Science Quarterly* 87, no. 2 (2006): 227-49.

68 Ron Haskins 在《华盛顿邮报》2001 年的专栏文章中呼吁人们关注这一令人担忧的趋势。他和 Rebecca Blank 写道:"研究表明,福利改革将导致处于收入分配最底层的母亲和儿童处境恶化。"(Ron Haskins and Rebecca Blank, "Revisiting Welfare," *Washington Post*, February 14, 2001). 2004 年,Haskins 进一步认为:"收入分配最底层家庭日益困难的现状,表明福利改革并非对所有家庭都有效,研究人员和决策者应该把注意力集中在这些陷入困境的家庭上。"(Ron Haskins, "Welfare Reform: Success with Trouble Spots," *Eastern Economic Journal* 30, no. 1 [2004]: 125-33)。

69 "Characteristics of Supplemental Nutrition Assistance Program Households," annual report by fiscal year, Supplemental Nutrition Assistance Program (SNAP) Research, Food and Nutrition Service, U.S. Department of Agriculture, http://www.fns.usda.gov/ops/supplemental -nutrition-assistance-program-snap-research.

70 http://help.feed ingamerica.org/HungerInAmerica/hunger-in-america- 2014-full-report.pdf. soured in 2001: Nancy Smith, Zaire Dinzey Flores, Jeffrey Lin, and John Markovic, "Understanding Family Homelessness in New York City: An In-Depth Study of Families' Experiences Before and After Shelter" (Vera Institute of Justice, New York, September 2005), http://www.nyc.gov/html/ dhs/downloads/pdf/ vera_Study.pdf.

71 数据源于 National Center for Homeless Education, *Education for Homeless Children and Youth Consolidated State Performance Report Data*, http://center.serve.org/nche/pr/data_comp.php. don't explain the trend: Dan Bloom, Mary Farrell, and Barbara Fink, "Welfare Time Limits: State Policies, Implementation, and Effects on Families" (Manpower Demonstration Research Corporation, n.d.), http://www. mdrc .org/sites/default/files/full_607.pdf。

72 Hahn, Golden, and Stanczyk, "State Approaches."

73 Edin and Lein, *Making Ends Meet*.

74 Ellen K. Scott, Andrew S. London, Kathryn Edin, "Looking to the Future: Welfare Reliant Women Talk About Their Job Aspirations in the Context of Welfare Reform," *Journal of Social Issues* 56, no. 4 (2000): 727-46.

第二章　危险工作

1 我们利用 TAXSIM（9.3 版本）估算了珍妮弗的纳税额。

2 "Individual Area Final FY2012 FMR Documentation," Fair Market Rents, U.S. Department of Housing and Urban Development, http:// www.huduser.org/portal/datasets/fmr.html.

3 Mary E. Podmolik, "Surge in Foreclosure Auctions Shows Chicago-Area Market's Pain," *Chicago Tribune*, February 6, 2013, http:// articles.chicagotribune.com/2013-02-06/business/ct-biz-0206-foreclosure-auctions-20130206_1_foreclosure-auctions-foreclosure-activity-initial-foreclo sure-filings.

4 Shaefer, Edin, "Understanding the Dynamics."

5 我们的学生 Vincent Fusaro 分析了相关调查数据（King et al., *Integrated Public Use Microdata Series*）。受访人的年龄在 18 岁至 64 岁，他们的收入源于固定工资或零工薪水，个体职业者被排除在调查之外。2012 年，在所有的受访工薪劳动者中，22.5% 是小时工，时薪不超过 11.5 美元，这大致是一个全职劳动者养育一个高于贫困线的四口之家所需的工资水平。另见 John Schmitt, "Low-Wage Lessons" (Center for Economic and Policy Research,

Washington, DC, January 2012), http://www.cepr.net/documents/publications/low-wage-2012-01.pdf, 他也得出了相似的分析结果。

6   Franqoise Carre, Chris Tilly, "America's Biggest Low-Wage Industry: Continuity and Change in Retail Jobs" (CSP Working Paper No. 2009-6, Center for Social Policy, McCormack Graduate School of Policy Studies, University of Massachusetts Boston, December 2008), http://www.umb.edu/editor_uploads/images /centers_institutes/center_social_policy/Americas_biggest_low-wage _industry-_ Continuity_and_change_in_retail_jobs.pdf. Drew Desilver, "Who Makes Minimum Wage?," *Factank: News in the Numbers*, Pew Research Center, September 8, 2014, http://www.pewresearch.org /fact-tank/2014/09/08/who-makes-minimum-wage/.

7   Schmitt, "Low-Wage Lessons."

8   "Industry Employment and Output Projections to 2022," *Monthly Labor Review*, December 2013, http://www.bls .gov/opub/mlr/2013/article/industry-employment-and-output-projections -to-2022-1. htm. Rebecca Thiess, "The Future of Work: Trends and Challenges for Low-Wage Workers" (EPI Briefing Paper No. 341, Economic Policy Institute, Washington, DC, April 27, 2012), http://s2.epi.org /files/2012/bp341-future-of-work.pdf.

9   Susan J. Lambert, Anna Haley-Lock, Julia R. Henly, "Schedule Flexibility in Hourly Jobs: Unanticipated Consequences and Promising Directions," *Community, Work & Family* 15, no. 3 (2012): 293-315; Arne L. Kalleberg, "Precarious Work, Insecure Workers: Employment Relations in Transition," 2008 presidential address, *American Sociological Review* 74 (February 2008): 1-22; Susan J. Lambert, "Passing the Buck: Labor Flexibility Practices That Transfer Risk onto Hourly Workers," *Human Relations* 61, no. 9 (2008): 1203-27.

10   Lambert, Haley-Lock, Henly, "Schedule Flexibility"; Center for Law and Social Policy, Retail Action Project, and Women Employed, "Tackling Unstable and Unpredictable Work Schedules: A Policy Brief on Guaranteed Minimum Hours and Reporting Pay Policies" (n.p.,

n.d.), http://www.clasp.org/resources-and-publications/publication-1/ Tackling -Unstable-and-Unpredictable-Work-Schedules-3-7-2014-FINAL-1.pdf; Susan J. Lambert, Peter J. Fugiel, and Julia R. Henly, "Precarious Work Schedules Among Early Career Employees in the US: A National Snapshot" (research brief, EINet, University of Chicago, August 27, 2014), http: //ssascholars.uchicago.edu/work-scheduling-study/files/lambert.fugiel .henly_.precarious_work_schedules. august2014.pdf. 最后一项是首次针对全美范围内职场新人发起的研究。研究发现，47% 的兼职小时工仅在工作前一周或更短时间内才得到排班通知。此外，员工对于排班几乎没有任何话语权，工作时间的波动相当普遍。

11 Lambert, "Passing the Buck."

12 Stephanie Luce, Naoki Fujita, "Discounted Jobs: How Retailers Sell Workers Short" (Murphy Institute, City University of New York, and Retail Action Project, 2012), http://retailactionproject.org /wp-content/uploads/2012/03/7-75_RAP+cover_lowres.pdf.

13 Lambert, Haley-Lock, Henly, "Schedule Flexibility."

14 Marianne Bertrand, Sendhil Mullainathan, "Are Emily and Greg More Employable Than Lakisha and Jamal? A Field Experiment on Labor Market Discrimination," *American Economic Review* 94, no. 4 (2004): 991-1013.

15 关于这两项研究，参考 Devah Pager, *Marked: Race, Crime, and Finding Work in an Era of Mass Incarceration* (Chicago: University of Chicago Press, 2007)。

16 Persis S. Yu, Sharon M. Dietrich, "Broken Records: How Errors by Criminal Background Checking Companies Harm Workers and Businesses" (National Consumer Law Center, Boston, April 2012), http://www.nclc.org/images/pdf/pr-reports/broken-records-report.pdf.

17 Andrew Leigh, "Who Benefits from the Earned Income Tax Credit? Incidence Among Recipients, Coworkers and Firms," B.E. *Journal of Economic Analysis & Policy* 10, no. 1 (2010): 1-41.

18 David Neumark, Junfu Zhang, and Stephen Cicca- rella, "The Effects

of Wal-Mart on Local Labor Markets," *Journal of Urban Economics* 63 (2008): 405-30.

19 Jessica Silver-Greenberg, "Invasive Tactic in Foreclosures Draws Scrutiny," *New York Times*, September 9, 2013, http: //dealbook. nytimes.com/2013/09/09/invasive-tactic-in-foreclosures-draws -scrutiny/; Ben Hallman, "Safeguard Properties Internal Documents Reveal Rampant Complaints of Thefts, Break-ins," *Huffington Post*, April 29, 2013, http://www.huffingtonpost.com/2013/04/29/ safeguard-properties -complaints_n_3165191.html; The People of the State of Illinois v. Safeguard Properties, LLC, http:// illinoisattorneygeneral.gov/pressroom/2013_09 /SAFEGUARD_ PROPERTIES_COMPLAINT_09-09-2013_15-51-37.pdf.

第三章 一间只属于自己的房间

1 "Who Needs Affordable Housing?," U.S. Department of Housing and Urban Development, n.d., http://portal.hud.gov/hudportal / HUD?src=/program_offices/comm_planning/affordablehousing/.

2 Shaefer, Edin, "Understanding the Dynamics."

3 Joint Center for Housing Studies of Harvard University, "The State of the Nation's Housing 2013" (Cambridge, MA, 2013), http: ZZwww. jchs.harvard.edu/sites/jchs.harvard.edu/files/son2013.pdf.

4 Stephen Malpezzi, Richard K. Green, "What Has Happened to the Bottom of the US Housing Market?," *Urban Studies* 33, no. 10 (1996): 1807-20; John M. Quigley and Steven Raphael, "Is Housing Unaffordable? Why Isn't It More Affordable?," *Journal of Economic Perspectives* 18, no. 1 (2004): 191-214.

5 Joint Center for Housing Studies of Harvard University, "America's Rental Housing—Evolving Markets and Needs" (Cambridge, MA, 2013), http://www.jchs.harvard.edu/sites/jchs.harvard.edu/files/jchs _ americas_rental_housing_2013_1_0.pdf.

6 同上。

7 Phillip Morris, "The Brown Brothers Are Splitting Their Ribs Laughing

at Cleveland's Housing Court," Cleveland.com, July 15, 2011, http://
www.cleveland.com/morris/index.ssf/2011/07/the_brown _brothers_
are_splitti.html.

8   采访由 Edin, Stefanie DeLuca 等学者领导的研究团队发起。

9   Michelle Wood, Jennifer Turnham, Gregory Mills, "Housing
     Affordability and Family Well-Being: Results from the Housing
     Voucher Evaluation," *Housing Policy Debate* 19, no. 2 (2008): 367-412.

10   Marian Wright Edelman, Lisa Mihaly ("Homeless Families and the
     Housing Crisis in the United States," *Children and Youth Services
     Review* 11, no. 1 [1989]: 91-108)。20 世纪 80 年代，联邦政府对
     贫困人口的住房援助大幅减少。

11   Will Fischer, "Research Shows Housing Vouchers Reduce Hardship
     and Provide Platform for Long-Term Gains Among Children" (Center
     on Budget and Policy Priorities, Washington, DC, January 25, 2013);
     Joint Center for Housing Studies of Harvard University, "The State of
     the Nation's Housing."

12   Jan Gibertson, Geoff Green, "Good Housing and Good Health? A
     Review and Recommendations for Housing and Health Practitioners"
     (Affordable Homes Strong Community Sector Study, Housing
     Corporation and Care Services Improvement Partnership, UK
     Department of Health, n.d.), http://www.pewtrusts.org/en/~7media
     /Assets/External-Sites/Health-Impact-Project/Good_housing_and_
     good _health.pdf.

13   问卷的引用源于 "Prevalence of Individual Adverse Childhood
     Experiences"。

14   Shanta R. Dube, Robert F. Anda, Vincent J. Felitti, Daniel P.
     Chapman, David F. Williamson, and Wayne H. Giles, "Childhood
     Abuse, Household Dysfunction, and the Risk of Attempted Suicide
     Throughout the Life Span: Findings from the Adverse Childhood
     Experiences Study," *Journal of the American Medical Association* 286,
     no. 24 (2001): 3089-96. "Prevalence of Individual Adverse Childhood
     Experiences," Centers for Disease Control and Prevention, n.d., http:

//www.cdc.gov/violenceprevention/acestudy/prevalence.html.

15 Child Trends DataBank, "Adverse Experiences: Indicators on Children and Youth" (Child Trends, Bethesda, MD, July 2013), http://www.childtrends.org/wp-content/uploads/2013/07/124 _Adverse_ Experiences.pdf.

16 Rebecca Cohen, "The Impact of Affordable Housing on Health: A Research Summary," *in Insights from Housing Policy Research* (Center for Housing Policy, Washington, DC, May 2011), http://www.nhc .org/media/files/Insights_HousingAndHealthBrief.pdf.

17 Julia Whealin, Erin Barnett, "Child Sexual Abuse," National Center for PTSD, U.S. Department of Veterans Affairs, n.d., http://www.ptsd.va.gov/professional/trauma/other/child_sexual_abuse.asp.

18 "Origins and Essence of the Study," *ACE Reporter*, April 2003, http://acestudy.org/yahoo_site_admin/assets/docs /ARV1N1.127150541.pdf.

19 Jack P. Shonkoff, Andrew S. Garner, and the Committee on Psychosocial Aspects of Child and Family Health, Committee on Early Childhood, Adoption, and Dependent Care, and Section on Developmental and Behavioral *Pediatrics*, "The Lifelong Effects of Early Childhood Adversity and Toxic Stress," technical report, Pediatrics 129, no. 1 (2012).

第四章 千方百计

1 Edin,Lein, *Making Ends Meet*。在与全国数百名低收入单身母亲就如何平衡生活开支进行的反复深入交流基础上，我们得出了这些信息。

2 更多信息请参见 Mariana Chilton, Jenny Rabinowich, Amanda Breen, and Sherita Mouzon, "When the Systems Fail: Individual and Household Coping Strategies Related to Child Hunger" (paper commissioned by the National Academies of Sciences Child Hunger Symposium, Washington, DC, April 2013), http://sites.nation alacademies.org/DBASSE/CNSTAT/DBASSE_081775。

3 Judith A. Lewis, Thomas Packard, and Michael D.Lewis, *Management*

of Human Service Programs, 5th ed. (Belmont, CA: Brooks/Cole, Cengage Learning, 2012).

4   最近的发展趋势显示私人慈善机构与政府之间的界限已经越发模糊。事实上，许多非营利组织的资金主要是由政府提供的。很少有组织可以仅靠个人的慷慨捐赠而生存。了解更多信息请参阅 Scott W.Allard，*Out of Reach: Place, Poverty, and the New American Welfare State* (New Haven, CT: Yale University Press, 2009)。

5   同上。

6   Abby Goodnough, "Sharp Cuts in Dental Coverage for Adults on Medicaid," *New York Times*, August 28, 2012, http://www.nytimes. com/2012/08/29/health/policy/hard-to-grin-while- bearing-cuts-in-medicaid-dental-coverage.html?pagewanted=all&_r=0.

7   Richard Mantovani, Eric Sean Williams, and Jacqueline Pflieger, "The Extent of Trafficking in the Supplemental Nutrition Assistance Program: 2009-2011" (Nutrition Assistance Program Report, Food and Nutrition Service, U.S. Department of Agriculture, August 2013), http://www.fns.usda.gov/sites/default/files/Trafficking2009.pdf.

8   H. Luke Shaefer and Italo Gutierrez, "The Supplemental Nutrition Assistance Program and Material Hardships Among Low-Income Households with Children," *Social Service Review* 87, no. 4 (2013): 753-79.

9   Kathryn Edin, Melody Boyd, James Mabli, Jim Ohls, Julie Worthington, Sara Greene, Nicholas Redel, and Swetha Sridharan, "SNAP Food Security In-Depth Interview Study: Final Report" (Nutrition Assistance Program Report, Food and Nutrition Service, U.S. Department of Agriculture, March 2013), http://www.fns.usda.gov/ sites/default/files/ SNAPFoodSec.pdf.

10   "Sentencing Table," http://www.gwtfirm.com/documents/Federal-sentencing_grid .pdf; and United States Sentencing Commission, "Offense Conduct," chap. 2 in Guidelines Manual, November 1, 2013, http://www.ussc.gov/guidelines -manual/2013/2013-index.

11   Mantovani, Williams, and Pflieger, "The Extent of Trafficking."

12 Edin, Lein, *Making Ends Meet.*

13 Center on Budget and Policy Priorities, "Policy Basics: The Earned Income Tax Credit" (Washington, DC, December 4, 2014), http://www.cbpp.org/files/policybasics-eitc.pdf.

14 Shaefer and Edin, "Understanding the Dynamics."

15 Smith et al., "Understanding Family Homelessness."

16 See Feeding America's "Hunger in America" national reports.

17 Laurence Chandy and Cory Smith, "How Poor Are America's Poorest? U.S. $2 a Day Poverty in a Global Context" (Policy Paper No. 2014-03, Brookings Institution, Washington, DC, August 2014).

第五章　另一个世界

1 我们将这一章命名为"另一个世界"（A World Apart），以致敬 James C. Cobb 的开创性著作 *The Most Southern Place on Earth*。此书的第六章与本章同名。

2 American Community Survey, U.S. Census Bureau, http://www.census.gov/acs/www/about_the_survey/american_community _survey/.

3 "Section 7. Aid to Families with Dependent Children and Temporary Assistance for Needy Families (Title IV-A)," table 7-10, http://aspe.hhs.gov/98gb/7afdc.htm.

4 "Data & Reports," Administration for Children and Families Archives, U.S. Department of Health and Human Services, http://archive.acf.hhs.gov/programs/ofa/data -reports/index.htm.

5 Cobb, *The Most Southern Place on Earth.*

6 相关数据来自 Bureau of Labor Statistics, http://www.bls .gov/lau/. 以及 American Community Survey。

7 Olga Khazan, "The States with the Worst Healthcare Systems," Atlantic.com, May 1, 2014, http://www.theatlantic.com/health / archive/2014/05/the-states-with-the-worst-performing-healthcare-systems/ 361514/. 根据 U.S. News & World Report 的排名，在三角洲的 14 家医院中，没有一家符合标准。（"Best Hospitals in the Mississippi Delta," *U.S. News & World Report*, n.d., http: //health.

usnews.com/best-hospitals/area/ms/the-mississippi-delta)。

8　Shaefer and Edin, "Understanding the Dynamics."

9　基于家庭收入数据，数据源于 American Community Survey。

10　实际上，当地大多数人都了解临时援助计划。这里地方太小，需求又遍布各处，所以临时援助计划不是什么秘密。但这并不意味着福利还发挥着作用。玛莎和她大多数陷入极贫的邻居、朋友甚至从未申请过临时援助计划。每个人都能给出自己的理由。对玛莎来说，她认为相对于她所付出的自尊，申请福利得到的回报太低了。她宁愿以每小时不到 2 美元的收入在她的小商店里卖零食。

11　除了黑车业务，洛丽塔·珀金斯还会出租自己的补助房赚些钱。租客们通常没能幸运地获得住房补贴，也不能从政府那里领现金来维持生活。有一名患有严重精神分裂症的租客，一旦不吃药就会变得狂躁，对周围人造成威胁，这让珀金斯小姐的 4 个孩子十分恐惧。对阿尔瓦·梅·希克斯的大孩子们来说，他们在经济困难时会回家，他们必须面对克里夫。与其他地区相比，三角洲地区的补贴性住房似乎更多。"第 8 章"政策的房屋必须通过年度检查，以确保出租时具备良好状态。（尽管在写本书时，阿尔瓦·梅家里的几扇窗户都用胶合板遮挡着。有一次她将克里夫锁在屋外，克里夫捣碎窗户跨了进来）。对于没有补贴资格的人而言，他们能获得的经济适用房基本不符合美国的居住标准。

结论　何去何从？

1　Center on Budget and Policy Priorities, "Policy Basics: The Earned Income Tax Credit."

2　Ellwood, *Poor Support*, 16.

3　同上，3-4。

4　这并不是什么新鲜事。正如已故历史学家 Michael Katz 的文章所表明的，几个世纪以来，"救济"以各种形式隔离着穷人。(Michael Katz, *In the Shadow of the Poorhouse: A Social History of Welfare in America* [New York: Basic Books, 1986])。

5   Anne Roder, Mark Elliott, "Stimulating Opportunity: An Evaluation of ARRA-Funded Subsidized Employment Programs" (Economic Mobility Corporation, New York, September 2013), http://economicmobilitycorp.org/uploads/stimulating-opportunity-full-report.pdf.

6   Lawrence H. Summers, "Lawrence H. Summers on the Economic Challenge of the Future: Jobs," *Wall Street Journal*, July 2, 2014, http://www.wsj.com/articles/lawrence-h-summers-on-the-economic-challenge-of-the-future-jobs-1404762501.

7   Carl Benedikt Frey, Michael A. Osborne, "The Future of Employment: How Susceptible Are Jobs to Computerisation?" (paper prepared for the Machines and Employment workshop,Oxford University Engineering Sciences Department and Oxford Martin Programme on the Impacts of Future Technology, Oxford, UK, September 17, 2013), http://www.oxfordmartin.ox.ac.uk/publications/view/1314.

8   Halpern-Meekin et al., *It's Not Like I'm Poor*.

9   Congressional Budget Office, "The Effects of a Minimum-Wage Increase on Employment and Family Income" (Washington, DC, February 2014), https://www.cbo.gov/sites/default/files/44995-MinimumWage.pdf.

10   David Cooper, "Raising the Federal Minimum Wage to $10.10 Would Lift Wages for Millions and Provide a Modest Economic Boost" (EPI Briefing Paper No. 371, Economic Policy Institute, Washington, DC, December 19, 2013), http://s1.epi.org/files/2014/EPI-1010-minimum-wage.pdf.

11   Center for Law and Social Policy, Retail Action Project, and Women Employed, "Tackling Unstable and Unpredictable Work Schedules."

12   Jodi Kantor, "Starbucks to Revise Policies to End Irregular Schedules for Its 130,000 Baristas," *New York Times*, August 14, 2014, http://www.nytimes.com/2014/08/15/us/starbucks-to-revise-work-scheduling-policies.html?_r=5.

13   "Walmart to Increase Wages for Current U.S. Workers to $10 an

Hour or Higher, Launches New Skills-Based Training for Associates," February 19, 2015, http://cdn.corporate.walmart.com/a1/0e/6fec066e4c f48b9ec4b9f09bcd67/associate-opportunity-fact-sheet.2.pdf. Sruthi Ramakrishnan and Nathan Layne, "Wal-Mart, Under Pressure, Boosts Minimum U.S. Wage to $9 an Hour," Reuters, February 19, 2015, http: //www.reuters.com/article/2015/02/19/us-walmartstores-results-idUSKBN 0LN1BD20150219.

14 虽然没有这种指数，但有另一个类似指数可参考。"繁荣指数"（The Thrive Index）是雇主用来评估其低薪工作质量的指标，重点关注低薪女性职工的情况。(Olivia Morgan, "Introducing the Thrive Index," Center for American Progress, January 12, 2014, https://www .americanprogress.org/issues/economy/news/2014/01/12/82029 /introducing-the-thrive-index/). "2013 Best Companies for Hourly Workers," Workingmother.com, http://www.workingmother.com/best- companies/2013-best-companies-hourly-workers。

15 Zeynep Ton, *The Good Jobs Strategy: How the Smartest Companies Invest in Employees to Lower Costs and Boost Profits* (New York: Harvest Books, 2014).

16 Alana Semuels, "Power to the Workers: How Grocery Chain Employees Saved Beloved CEO," *Los Angeles Times*, August 28, 2014, http: //www.latimes.com/nation/nationnow/la-na-nn-market-basket-ceo-arthur -t-demoulas-20140828-story.html.

17 Elizabeth Lauer-Bausch, Mark Greenstein, "Single Mothers in the Era of Welfare Reform," in *The Gloves-Off Economy: Workplace Standards at the Bottom of America's Labor Market*, ed. Annette Bernhardt, Heather Boushey, Laura Dresser, and Chris Tilly (Champaign, IL: Labor and Employment Relations Association, 2008), 163-90.

18 通过 http://nlihc.org /issues/nhtf, 可查看该项目的最新进展。

19 Patrick Sharkey, *Stuck in Place: Urban Neighborhoods and the End of Progress Toward Racial Equality* (Chicago: University of Chicago Press, 2013).

20 Philip M. E. Garboden, Sandra Newman, "Is Preserving Small, Low-End Rental Housing Feasible?," Housing Policy Debate 22, no. 4 (2012): 507-26.

21 Arnold et al., "Out of Reach 2014."

22 相关访谈是由 Edin 领导的研究团队进行的。

23 Barbara Sard, "Most Rental Assistance Recipients Work, Are Elderly, or Have Disabilities" (Center on Budget and Policy Priorities, Washington, DC, July 17, 2013), table 1, http://www.cbpp.org/cms/index .cfm?fa=view&id=3992.

24 Shaefer, Edin, "Understanding the Dynamics."

25 Halpern-Meekin et al., *It's Not Like I'm Poor.*

26 Hahn, Golden, and Stanczyk, "State Approaches."

27 Liz Schott, "Georgia's Increased TANF Work Participation Rate Is Driven by Sharp Caseload Decline" (Center on Budget and Policy Priorities, Washington, DC, March 6, 2007), http://www.cbpp.org / files/3-6-07tanf.pdf.

28 Linda Rosenberg, Michelle Derr, LaDonna Pavetti, Subuhi Asheer, Megan Hague Angus, Samina Sattar, and Jeffrey Max, "A Study of States' TANF Diversion Programs: Final Report" (Mathematica Policy Research, Princeton, NJ, December 8, 2008), http://www.acf.hhs.gov / sites/default/files/opre/tanf_diversion.pdf.

29 Ife Floyd and Liz Schott, "TANF Cash Benefits Continued to Lose Value in 2013" (Center on Budget and Policy Priorities, Washington, DC, October 21, 2013), http://www.cbpp.org/cms/?fa=view &id=4034.

30 Neil DeMause, "Georgia's Hunger Games," *Slate*, December 26, 2012, http://www.slate.com/articles/news_and_politics/politics/2012/12 / georgia_s_war_against_the_poor_the_southern_state_is_emptying_its _welfare.html.

31 Ruby Mendenhall, Kathryn Edin, Susan Crowley, Jennifer Sykes, Laura Tach, Katrin Kriz, and Jeffrey R. Kling, "The Role of the Earned Income Tax Credit in the Budgets of Low-Income Families," *Social*

Service Review 86, no. 3 (2012): 367-400. Halpern-Meekin et al., *It's Not Like I'm Poor.*

32   Halpern-Meekin et al., *It's Not Like I'm Poor.*

33   Suzanne Mettler, *The Submerged State: How Invisible Government Policies Undermine American Democracy* (Chicago: University of Chicago Press, 2011); Joe Soss, "Lessons of Welfare: Policy Design, Political Learning, and Political Action," *American Political Science Review* 93, no. 2 (1999): 363-80.

致　谢

　　本书的撰写建立在深度合作基础之上，两位作者为之作出了同等贡献，署名是以英文首字母顺序排列的。

　　在此感谢成书过程中为我们出谋划策的诸多同人。他们是 Andrew Cherlin、Stephanie DeLuca、Robert Francis、Meredith Grief、Barbara Kiviat、Tim Nelson、Susie Shaefer、Timothy Smeeding 和 Elizabeth Talbert，他们通读全文并提出了意见。还有 Scott Allard、Jessica Compton、Mary Corcoran、Sheldon Danziger、Indi Dutta Gupta、Peter Edelman、Paula England、Philip Garboden、Leigh Gibson、Suzanne Marcus、Alexandra Mur phy、LaDonna Pavetti、Wendell Primus、Anna Rhodes、Julie Ribaudo 和 Marci Ybarra，他们阅读了各章或部分章节，对最终成书至关重要。

　　我们衷心感谢 Tessa Boudreaux、Brian Corbin、Jason DeParle、Matthew Desmond、Herbert Gans、Ron Haskins、Julia Henly、Sandy Jencks、Susan Lambert、Jodie Levin Epstein、Elizabeth Lower Basch、Barbara Morgan、Harold Pollack、Wendell Primus、Barbara Sard、Isabel Sawhill、Kristin Seefeldt、Harry Shaefer 和 Jack Shaefer，他们曾给予过明智的指导建议。同时感谢经济顾问委员会，他们在收入调查研究议题上的宝贵看法也渗透于本书之中。

　　没有我们的学生与参与研究的同事，就没有这个项目的存在。我们尤其感谢 Melody Boyd、Michael Evangelist、Robert Francis、Vincent Fusaro、DeMarian Hampton、Saundra Kelley、Bethany Patten 和 Elizabeth Talbert，他们在著书的各个阶段均作出了重要贡献。Patrick

Leonard、Rick Rodems 和 Pinghui Wu，哈佛大学肯尼迪学院、密歇根大学社会工作学院、杰拉尔德·福特公共政策学院以及约翰·霍普金斯大学社会学系的学生，他们也为这项工作作出了贡献。

本项目研究经费主要由哈佛大学肯尼迪学院和约翰·霍普金斯大学的拨款承担，密歇根大学社会工作学院也为我们提供了支持。此外，美国国家科学基金会、密歇根大学国家贫困中心、美国农业部经济研究局食品与营养援助研究计划项目也提供了帮助。本书观点仅代表作者个人，与任何资助机构无关。本书的错误和遗漏之处仅归责于作者，与此处列举的人无关。

为保护被访者的身份，我们没有使用真实姓名。我们衷心感谢所有被访者，他们慷慨地分享了自己的故事。多亏了我们的经纪人 Lisa Adams 和编辑 Deanne Urmy，我们才没有迷失方向。Deanne Urmy 总是要求我们深入挖掘本书素材，并打磨我们的调查内容。还要感谢 Barbara Jatkola，一位出色的文案编辑。我们的伴侣 Tim Nelson 和 Susie Shaefer 在成书过程中提供了巨大的支持。最后，我们的孩子们，Bridget Shaefer、Kaitlin Edin-Nelson 和 Marisa Edin-Nelson，在我们四处调研时他们赶来探望。他们的陪伴使得这项工作意义非凡。

图书在版编目（CIP）数据

两美元过一天：美国的福利与贫穷 /（美）凯瑟琳·爱丁，（美）卢克·谢弗著；
李九萱译 . —北京：中国工人出版社，2023.9
书名原文：$2.00 a Day: Living on Almost Nothing in America
ISBN 978-7-5008-7841-4

Ⅰ.①两… Ⅱ.①凯…②卢…③李… Ⅲ.①贫困问题–研究–美国 Ⅳ.①F171.247

中国国家版本馆 CIP 数据核字（2023）第 169996 号

著作权合同登记号：图字 01-2022-0643

两美元过一天：美国的福利与贫穷

出 版 人	董 宽
责任编辑	陈晓辰　董芳璐
责任校对	张 彦
责任印制	黄 丽
出版发行	中国工人出版社
地　址	北京市东城区鼓楼外大街 45 号　邮编：100120
网　址	http：//www.wp-china.com
电　话	（010）62005043（总编室）（010）62005039（印制管理中心）
	（010）62001780（万川文化项目组）
发行热线	（010）82029051　62383056
经　销	各地书店
印　刷	北京盛通印刷股份有限公司
开　本	880 毫米 × 1230 毫米　1/32
印　张	8.25
字　数	200 千字
版　次	2023 年 10 月第 1 版　2023 年 10 月第 1 次印刷
定　价	56.00 元

本书如有破损、缺页、装订错误，请与本社印制管理中心联系更换
版权所有　侵权必究